Thomas Estler

Baureihe E 93

trans press Fahrzeugportrait

Thomas Estler

Baureihe E 93

Einbandgestaltung: Andreas Pflaum

Titelbild: Claus-Jürgen Jacobson
Sehr zur Freude der zahlreichen Eisenbahnfans gelangte E 93 07 bei den großen Fahrzeugparaden in Nürnberg zum 150-jährigen Eisenbahnjubiläum im September 1985 vor einem gemischten Güterzug zum Einsatz.

Rücktitelbild: Dieter Schlipf
193 012 war eine der letzten 193 bei der DB. Vor einem kurzen Nahgüterzug rollt sie im Herbst 1982 bei Geislingen die Steige hinab.

Eine Haftung des Autors oder des Verlages und seiner Beauftragten für Personen-, Sach- und Vermögensschäden ist ausgeschlossen.

ISBN: 3-613-71122-2

© 2000 by transpress Verlag,
Postfach 10 37 43, 70032 Stuttgart
Ein Unternehmen der
Paul Pietsch Verlage GmbH+Co
1. Auflage 2000

Der Nachdruck, auch einzelner Teile, ist verboten. Das Urheberrecht und sämtliche weiteren Rechte sind dem Verlag vorbehalten. Übersetzung, Speicherung, Vervielfältigung und Verbreitung einschließlich Übernahme auf elektronische Datenträger wie CD ROM, Bildplatte usw. sowie Einspeicherung in elektronische Medien wie Bildschirmtext, Internet usw. sind ohne vorherige schriftliche Genehmigung des Verlages unzulässig und strafbar.

Lektorat: Claus-Jürgen Jacobson
Innengestaltung: Viktor Stern
Druck: Fotolito LONGO, I-39100 Bozen
Bindung: Fotolito LONGO, I-39100 Bozen
Printed in Italy

Inhalt

Vorwort   7

Vorgeschichte und Entwicklung   9

Mechanischer Teil   15
Brückenrahmen   15
Drehzapfen   16
Triebdrehgestell   17

Elektrischer Teil   21

Hilfseinrichtungen   30
Führerstand   30
Fahrmotorlüfter   30
Drucklufteinrichtung   31
Beleuchtung der Lokomotive   33
Heizung   33
Handbremse   34
Lager und Schmierung   34

Farbgebung und Bauartänderungen   35
Farbgebung   35
Bauartänderungen   36

Betriebsanleitung   41
Behandlung der Lok vor Antritt der Fahrt   41
Behandlung der Lok bei Antritt der Fahrt   42

Einsatzgeschichte — 48

Versuchsfahrten — *48*
Mitteldeutschland — *50*
Bayern — *52*
Baden-Württemberg — *52*
    Vorkriegszeit — *53*
    Kriegszeit und Konkurrenz — *56*
    Schneller Wiederaufbau und neue Blüte — *59*
    Das langsame Ende — *76*
Erhaltene Loks — *108*
Bekannte Unfälle und andere Vorfälle — *109*

Die Interessengemeinschaft E 93 07 — 112

von Joachim Hund

Begegnung mit der E 93 — 119

von Joachim Hund

Anhang — 127

Literaturverzeichnis — *127*

Vorwort

Ein eher unscheinbares Dasein im Schwabenland führten lange Jahre die 18 Maschinen der Baureihe E 93. Dabei wird leicht übersehen, dass die E 93 eine bahnbrechende Neuentwicklung war, die speziell auf die Anforderungen der württembergischen Hauptbahn Stuttgart–Ulm ausgelegt war. Besonders die Bewältigung der Geislinger Steige mit entsprechenden Anhängelasten mussten ihre Konstrukteure berücksichtigen.

Leider standen sie meistens im Schatten ihrer größeren Schwestern, den E 94, die später im ganzen süddeutschen Raum zu finden waren. Zu Unrecht, denn die E 93 war das erste deutsche »Krokodil« und die Urahnin einer ganzen Generation von sechsachsigen, laufachsenlosen Elektroloks für den schweren Güterzugdienst. Eine fünfzigjährige Einsatzzeit trotz ihrer eher mäßigen Höchstgeschwindigkeit spricht für ihre robuste Konstruktion und einfache Handhabung. Die meisten ihrer modernen Schwestern werden später wohl kaum auf ein so langes Lokomotivleben zurückblicken können.

Mit diesem Buch soll an diese unverwechselbaren Arbeitspferde mit ihrem kantigen Äußeren erinnert werden, denn die letzten Exemplare verschwanden immerhin schon vor 15 Jahren von den Schienen. Mein Dank gilt allen Bildautoren und Archiven, die mich mit Bild- und Textmaterial unterstützt haben. Aus seinem unersetzlichen Archiv stellte mir Gerhard Rieger zahlreiche Unterlagen zur Verfügung. Die »Interessengemeinschaft E 93 07«, vertreten durch Joachim Hund, unterstützte mich durch ihre Beiträge und das Überlassen der Betriebsbuchkopie. Für die Geduld bei der Erstellung, vor allem aber für die Ausdauer beim Korrekturlesen des Manuskriptes bedanke ich mich sehr herzlich bei meiner lieben Frau Heidi.

Fellbach, im Januar 2000
Thomas Estler

■ Ein markantes Lokgesicht, das fünfzig Jahre lang den Güterzugdienst auf der Geislinger Steige prägte: Im November 1978 warteten 193 003-1 und 193 011-4 in Geislingen (Steige) auf neue Taten. *Aufnahme: Burkhard Wollny*

Vorgeschichte und Entwicklung

Die Entwicklung der E 93 ist untrennbar mit der Elektrifizierung der wichtigsten württembergischen Hauptbahn von Stuttgart nach Ulm verbunden. Nur für diese Strecke mit ihren erheblichen Steigungen war der Neubau einer sechsachsigen Güterzuglok bei den damals leeren Kassen der Reichsbahn überhaupt wirtschaftlich vertretbar. Ein kurzer Exkurs zur Geschichte der ersten Hauptbahn-Elektrifizierung in Württemberg sei daher erlaubt:

Bereits im März 1908 wurden erste Diskussionen zur Einführung des elektrischen Betriebes bei den württembergischen Staatsbahnen geführt. Zwischen 1909 und 1910 verhandelte der Württembergische Landtag über diese Frage und beauftragte 1911 die damalige Generaldirektion der Württembergischen Staatseisenbahnen mit der Ausarbeitung einer Denkschrift über die »Elektrisierung der Württembergischen Strecken und die Ausnützung der württembergischen Wasserkräfte zu diesem Zweck«. Die Untersuchung ergab jedoch, dass die bescheidenen württembergischen Wasserkräfte in keiner Weise ausreichten, um die entsprechenden großen Strommengen zu einem billigen Preis zu liefern. Auch die zu jener Zeit auf der neuen Versuchsstrecke Dessau–Bitterfeld gewonnenen Erfahrungen mit dem elektrischen Zugbetrieb waren nicht gerade ermutigend.

Mit Ausbruch des Ersten Weltkrieges verschwanden weitere Überlegungen in der Schublade.

Nach Kriegsende hatten die Bahnverwaltungen alle Hände voll damit zu tun, die herabgewirtschafteten Anlagen wieder in Ordnung zu bringen und die Reparationsabgaben an Fahrzeugen zu erfüllen.

Die Gründung der Deutschen Reichsbahn-Gesellschaft zum 1. April 1920 und der damit verbundene Übergang der Staatseisenbahnen in die Hoheit des Reiches schuf auch in Württemberg wesentlich bessere Voraussetzungen für die angestrebten Elektrifizierungen. Angeregt durch die inzwischen in der Schweiz gewonnenen günstigen Erfahrungen mit der elektrischen Betriebsform kamen nun wieder überall die Pläne für den elektrischen Zugbetrieb auf den Tisch. In Schlesien und Bayern wurden neue Strecken ausgerüstet und auch Baden entwarf Pläne zur Ausnutzung der großen Wasserkräfte zum Betrieb elektrischer Bahnen. Aus dieser Zeit stammen die schon etwas genauer umrissenen Pläne für die Einführung des elektrischen Zugbetriebs in Württemberg mit dem Grundgedanken, die billigen überschüssigen Wasserkräfte aus Bayern und Baden in das energiehungrige Württemberg zum Betrieb seiner regen Industrie und seiner wichtigsten Bahnlinien hineinzuführen. Konkret stand durch die Fertigstellung des bayerischen Walchenseekraftwerkes und der Kraftwerksgruppe »Mittlere Isar« unter Kapitalbeteiligung der Reichsbahn genügend Kapazität zur Verfügung, um auch die geplanten Elekrifizierungen in Württemberg aus diesen Quellen zu versorgen.

Doch bis dahin war es noch ein weiter Weg. Nachdem die ersten technischen Probleme des elektrischen Zugbetriebs im wesentlichen überwunden und die Heranführung der erforderlichen Energiemengen grundsätzlich geklärt war, ergaben sich durch die Beschaffung des für die Betriebsumstellung erforderlichen Kapitals neue Schwierigkeiten. Die Finanzlage der Reichsbahn, auf der die schwere Bürde der Reparationen lastete, war so

Vorgeschichte und Entwicklung

Eine neue Lokomotive für die Geislinger Steige: E 93 01, das erste deutsche »Krokodil«, wurde am 14. Juli 1933 von AEG an die Deutsche Reichsbahn geliefert. *Werkfoto: AEG, Archiv Adtranz*

angespannt, dass sie außergewöhnlichen Belastungen nicht standhalten konnte. Größere Investitionen mussten damals von einer erträglichen Rendite abhängig gemacht werden. Schließlich erforderte schon damals die Elektrifizierung einer Strecke erhebliche Aufwendungen nicht nur für die Anlagen der Stromerzeugung, -verteilung und -zuführung zu den Fahrzeugen sowie die Fahrzeuge selbst, sondern auch für eine ganze Reihe von Nebenarbeiten wie zum Beispiel die Verkabelung der

Vorgeschichte und Entwicklung

Freileitungen, die Freimachung des Bügelprofils in Tunneln und Überbauten, die Verbesserung der Gleisanlagen aus Anlaß der höheren Fahrgeschwindigkeit und der Festlegung durch die Fahrleitung.

Tatsächlich war aufgrund mangelnder Rentabilität in den Jahren 1927/28 sowohl in der Schweiz als auch in Österreich die Bahnelektrifizierung in eine Krise geschlittert, weil die Kohlenpreise gesunken, die Baupreise aber gestiegen waren.

Die in erschreckendem Maße zunehmende Arbeitslosigkeit im Deutschen Reich führte jedoch dazu, den Elektrifizierungsgedanken unter dem Gesichtspunkt einer nutzbringenden Arbeitsbeschaffung erneut zu prüfen. In Württemberg kam der entscheidende Anstoß durch die Landesregierung. Zur Verbesserung der Verkehrsverhältnisse in der Umgebung von Stuttgart bot sie der Reichsbahn ein zinsgünstiges Darlehen an. Dieses Angebot traf in glücklicher Weise mit den Bemühungen der Reichsbahn zusammen, die ihr aus der Kapitalbeteiligung an den Bayerischen Wasserkraftwerken des Walchensees und an der mittleren Isar zustehenden Energiemengen unterzubringen. Diese überstiegen den damaligen Bedarf der elektrisch betriebenen Strecken Bayerns bei weitem.

Zur gleichen Zeit war die Elektrifizierung der Strecke München–Augsburg beschlossen worden. Eine aus Vertretern des Dampf- und elektrischen Betriebes zusammengesetzte Arbeitsgemeinschaft untersuchte die Wirtschaftlichkeit der Fortführung des elektrischen Zugbetriebes bis nach Stuttgart. Vor allem der Streckenabschnitt Ulm–Stuttgart drängte sich für den elektrischen Betrieb geradezu auf, da er ungewöhnlich stark belastet war. Ferner waren auf dieser Hauptbahn erhebliche Steigungen zu überwinden, deren Bewältigung im Dampfbetrieb umständlich war. Am bekanntesten war hier natürlich die berühmt-berüchtigte Geislinger Steige, die mit ihrer 22,5 ‰-Rampe den Aufstieg vom Filstal auf die Hochfläche der Schwäbischen Alb ermöglicht.

Nach sehr sorgfältigen Ermittlungen schloß diese Arbeitsgemeinschaft unter Leitung von Ministerialdirektor Bergmann mit der Feststellung, dass sich bei einer Elektrifizierung der Strecke Augsburg–Ulm–Stuttgart sowie des Stuttgarter Vorortverkehrs das notwendige Anlagenkapital von 50,3 Millionen RM durch die erzielbaren Ersparnisse mit etwa 6 % verzinsen würde. Diese Verzinsung erschien ausreichend, um die Investition vertreten zu können. Nachdem sich überdies die »Deutsche-Gesellschaft für öffentliche Arbeiten« bereit erklärt hatte, aus Mitteln der Arbeitslosenfürsorge verlorene Zuschüsse und Darlehen zu einem günstigen Zinssatz herzugeben und nachdem das Reich bereit war, die Zinsen der Darlehen für die ersten fünf Jahre zu übernehmen, wurde Ende März 1931 der Entschluß zum Bau gefaßt. Zur Sicherstellung einer möglichst raschen Durchführung wurde eine »Oberste Bauleitung für die Elektrisierung Augsburg– Stuttgart« mit dem Sitz in Stuttgart geschaffen. Die Arbeiten begannen sofort mit der Beseitigung der Schwachstromleitungen entlang der Strecke Stuttgart–Ulm, wurden aber durch die Finanzkrise im Juli 1931 jäh unterbrochen. Erst nach vielen Bemühungen wurde Ende 1931 eine Möglichkeit zur Fortsetzung des Baues gefunden, indem es gelang, das aufzuwendende Kapital um etwa 25% zu senken und die Lieferungen der drei großen Elektrofirmen AEG, SSW und BBC darlehensweise zu erhalten. Die feierliche Eröffnung des elektrischen Betriebes zwischen Stuttgart und Ulm fand schließlich am 1. Juni 1933 statt. Neben einer Verdoppelung der Zuglasten brachte die Elektrifizierung erhebliche Fahrzeitgewinne, vor allem im Güterverkehr.

Für den schweren Güterzugdienst auf steigungsreichen Strecken standen der Deutschen Reichsbahn zu dieser Zeit zwei Elektrolokbaureihen zur Verfügung, die grundsätzlich in der Lage waren, über die Geislinger Steige eine geforderte Anhängelast von 720 Tonnen ohne Schublok zu bewältigen. Dabei handelte es sich zum einen um die E 91, eine dreiteilige Gelenklok mit Winterthur-Schrägstangenantrieb, der Achsfolge C'C' und einer Höchstgeschwindigkeit von 55 km/h. Insgesamt 46 Maschinen waren zwischen 1926 und 1929 ausgeliefert worden und fuhren in Schlesien und Bayern. Die zweite in Frage kommende Baureihe war die E 95. Dies waren Doppellokomotiven mit

Vorgeschichte und Entwicklung

■ Insgesamt 46 Lokomotiven der Baureihe E 91 standen der Reichsbahn für den Güterzugdienst zur Verfügung. Doch mit ihrem Stangenantrieb und der niedrigen Höchstgeschwindigkeit von 55 km/h waren die dreiteiligen Maschinen schon damals technisch überholt. Mitte der sechziger Jahre versah **E 91 99** Rangierdienste im Raum München. *Aufnahme: Sammlung Koppisch, Archiv transpress*

■ Ebenfalls nicht mehr auf der Höhe der Zeit und zudem auf Grund ihrer Bauweise als Doppellok unverhältnismäßig teuer waren die mächtigen Lokomtiven der Reihe E 95, die 1927/28 in sechs Exemplaren in Dienst gestellt wurden. **E 95 02** hat als Museumslok überlebt, die Aufnahme entstand bei einer Fahrzeugausstellung in Dessau. *Aufnahme: Karlheinz Brust, Sammlung J. Krantz*

Vorgeschichte und Entwicklung

Tatzlager-Einzelachsantrieb, der Achsfolge Co'Co' und einer Höchstgeschwindigkeit von 65 km/h (später 70 km/h). Nur sechs dieser längsten und teuersten elektrischen Lokomotive der DRG wurden 1927/28 in Dienst gestellt. Ursprünglich für den Einsatz auf der zu elektrifizierenden Flachlandstrecke Görlitz–Arnsdorf–Liegnitz–Breslau bestimmt, kamen sie nach Aufgabe des Elektrifizierungsvorhabens auf der schlesischen Gebirgsbahn zum Zug.

Beide Typen erfüllten zwar die an sie gestellten Anforderung vollauf, erwiesen sich aber bei genauem Hinsehen als nur bedingt geeignet: Die E 91 war eigentlich schon zu langsam und vor allem entsprach ihr Stangenantrieb nicht mehr dem Stand der Zeit. Die Zukunft gehörte dem Einzelachsantrieb mit Tatzlagermotoren, der seine Überlegenheit gegenüber dem Stangenantrieb schon bewiesen hatte. So waren beispielsweise die Unterhaltskosten des Stangenantriebs rund dreimal so hoch wie beim Einzelachsantrieb. Diesen wiederum besaß die E 95. Als Doppellokomotive mit den vielen zweifach vorhanden Bauteilen war sie aber der unter den Folgen der Weltwirtschaftskrise leidenden Reichsbahn entschieden zu teuer.

Klar war eigentlich zunächst nur das Betriebsprogramm der neuen Güterzugloks, das aus den topographischen Bedingungen der steigungsreichen Strecke Stuttgart–Ulm resultierte:
– Schwere Güterzüge sollten vom Rangierbahnhof Kornwestheim bis Göppingen mit maximal 1600 Tonnen Anhängelast befördert werden können. Betriebshalte für Durchgangsgüterzüge waren lediglich in Untertürkheim Rangierbahnhof und/oder Plochingen vorgesehen.
– Zwischen Göppingen und Geislingen-Altenstadt sollten noch 1200 Tonnen geschleppt werden können, da hier eine langanhaltende Rampe von bis zu 10 ‰ Steigung vorhanden ist.
– Ab Geislingen-Altenstadt sollte die gleiche Anhängelast mit Hilfe einer Schublok über die 22,5 ‰ der berüchtigten Geislinger Steige bis Amstetten gezogen werden. Die Lastverteilung beim Schiebebetrieb sah bei der Zuglok 720 Tonnen und bei der Schublok 480 Tonnen vor. Somit sollte eine E 44 als Schublok ausreichen.

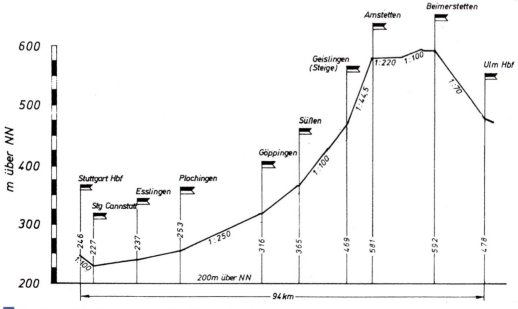

Das Höhenprofil der Strecke Stutttgart–Ulm. *Abb: Sammlung Gerhard Rieger*

Vorgeschichte und Entwicklung

– In der Gegenrichtung sollten bis zu 1100 Tonnen Last über die Rampe zwischen Ulm und Beimerstetten mit einer Maximalsteigung von 14 ‰ gezogen werden können. Die beim Dampfbetrieb übliche Schublok sollte entfallen.

Berechnungen ergaben, dass für dieses Betriebsprogramm die Höchstzugkraft am Treibradumfang beim Anfahren 353 kN betragen musste. Dafür würden sechs Fahrmotoren mit mindestens 385 kW ausreichen. Die Stundenleistung bei 70 % der Höchstgeschwindigkeit würde mit 2310 kW eine Trafoleistung von mindestens 1680 kVA erfordern.

Soviel also zur Theorie. Blieb immer noch die Frage, wie nun die Lok eigentlich aussehen sollte. Klar war die Verwendung zweier Triebdrehgestelle mit Einzelachsantrieb, zunächst noch mit Laufachsen, sowie aus Kostengründen die Verwendung nur eines Transformators. Konstruktiv unvermeidlich war damit ein stabiler Brückenrahmen zur Aufnahme des schweren Trafos. Zur Gewichtsminimierung bei den Aufbauten orientierten sich die Kostrukteure an den Vorbildern der österreichischen und schweizer Krokodile, die sich in ihrem Aufbau bestens bewährt hatten. Schließlich wurde noch einmal die Zahl der Achsen überprüft, denn zwischenzeitlich lagen sehr gute Erfahrungen mit den laufachsenlosen Prototypen der Baureihe E 44 vor. Mit den bei diesen Loks gewonnen Erkenntnissen nahm man das Wagnis einer laufachsenlosen sechsachsigen Lok in Kauf. Das Risiko einer übermäßigen horizontalen und vertikalen Beanspruchung des Oberbaus bei einer solchen Konstruktion schätzten die Konstrukteure bei der mäßigen Höchstgeschwindigkeit von 65 km/h schließlich als eher gering ein.

Im Betrieb entsprach die E 93 schließlich völlig den in sie gesetzten Erwartungen. Mit über 20 Tonnen weniger Gewicht brachte sie die gleiche Leistung auf die Schienen wie die monströse E 95. Ihre Laufeigenschaften waren trotz der schwierigen Streckenverhältnisse zufriedenstellend, das Betriebspersonal lobte Laufruhe und Entgleisungssicherheit. Eine Überstrapazierung des Oberbaus fand nicht statt. Der Spurkranzverschleiss hielt sich ebenfalls in Grenzen, er war lange nicht so hoch wie ursprünglich befürchtet. Mit den neuen Lokomotiven betrug die Fahrzeit eines Durchgangsgüterzuges zwischen Kornwestheim und Ulm nur noch 93 Minuten, Dampfloks (z.B. BR 59.0, württ. K) hatten für die gleiche Strecke noch 250 Minuten gebraucht.

LIEFERLISTE E 93

ursprüngl. Betriebsnr.	Betriebsnr. ab 01.01.68	Hersteller	Fabriknummer	Baujahr	Kosten in RM	Anlieferung	Abnahme	Abnahme-RAW
E 93 01	193 001-5	AEG	4798/33	1933	392.336	14.07.33	–	Esslingen
E 93 02	193 002-3	AEG	4799/33	1933	392.336	16.08.33	26.08.33	Esslingen
E 93 03	193 003-1	AEG	4872/35	1935	392.336	20.10.35	29.10.35	Esslingen
E 93 04	193 004-9	AEG	4873/35	1935	392.336	09.11.35	18.11.35	Esslingen
E 93 05	193 005-6	AEG	4959/36	1937	392.336	05.02.37	08.02.37	Esslingen
E 93 06	193 006-4	AEG	4960/36	1937	392.336	05.02.37	18.02.37	Esslingen
E 93 07	193 007-2	AEG	4961/36	1937	392.336	06.03.37	15.03.37	Esslingen
E 93 08	193 008-0	AEG	4962/37	1937	392.336	01.12.37	04.12.37	Esslingen
E 93 09	193 009-8	AEG	4963/37	1937	392.336	07.04.37	14.04.37	Esslingen
E 93 010	193 010-6	AEG	4964/37	1937	392.336	06.05.37	12.05.37	Esslingen
E 93 011	193 011-4	AEG	4965/37	1937	392.336	03.06.37	09.06.37	Esslingen
E 93 012	193 012-2	AEG	4966/37	1937	392.336	24.06.37	30.06.37	Esslingen
E 93 013	193 013-0	AEG	4967/37	1937	392.336	16.08.37	16.08.37	Esslingen
E 93 014	193 014-8	AEG	5049/39	1939	392.336	11.02.39	19.04.39	Dessau
E 93 015	193 015-5	AEG	5050/39	1939	392.336	07.02.39	08.02.39	Dessau
E 93 016	193 016-3	AEG	5051/39	1939	392.336	11.03.39	19.04.39	Dessau
E 93 017	193 017-1	AEG	5052/39	1939	392.336	03.04.39	03.04.39	Dessau
E 93 018	193 018-9	AEG	5053/39	1939	392.336	17.05.39	17.05.39	Dessau

Mechanischer Teil

Brückenrahmen

Auf zwei kurzgekuppelten, dreiachsigen Triebdrehgestellen mit Vorbauten ruht ein Brückenrahmen, der vollständig geschweißt ist. Hierauf ist der Lokomotivkasten aufgesetzt. Dieser enthält an beiden Kopfenden die Führerstände und dazwischen den Maschinenraum, wo das Gros der elektrischen Ausrüstung untergebracht ist. Zum Ausbau dieser Ausrüstung sind drei Dachteile abnehmbar. Der Brückenrahmen liegt auf jedem Triebdrehgestell auf zwei seitlich der Drehzapfen sitzenden, federnden Gleitstühlen mit relativ steifen Federn. Federnde Hilfsabstützungen in der Längsmitte der Lok zwischen der 2. und 3. Achse sowie der 4. und 5. Achse tragen zur Stabilisierung des Brückenrah-

■ Blick auf Drehgestell und Vorbau von E 93 017. Gut zu erkennen ist der Übergang vom Brückenrahmen zum beweglichen Vorbau sowie die einfache Blechblende zwischen Führerstand und Vorbauhaube. *Aufnahme: Burkhard Wollny*

Mechanischer Teil

Die tiefstehende Herbstsonne lässt den Brückenrahmen mit dem Lokkasten besonders gut zur Geltung kommen. Die Aufnahme zeigt 193 006 im September 1978 in Stuttgart-Münster. *Aufnahme: Thomas Estler*

mens bei. Mit den einstellbaren, weichen Schraubenfedern der Hilfsabstützungen kann die Lastübertragung auf die Triebdrehgestelle zur Erzielung gleichmäßiger Achsdrücke in engeren Grenzen verändert werden.

Die Führerstände entsprechen der damaligen Einheitsausführung der DRG und weisen drei markante Stirnfenster auf. Sie sind mit gefirnisstem Eichenholz ausgekleidet, das sich als relativ pflegeleicht erwiesen hat.

Den optischen Anschluss zwischen Führerstand und Vorbauten stellt eine einfache Blechblende her, die den seitlichen Spalt zwischen beiden Teilen abdeckt. Das von oben her in diesen Spalt abfließende Regenwasser wird durch eine an der Führerhauswand befindliche Rinne zur Seite abgeleitet, so dass die Kabelanschlussstellen nicht feucht werden können.

Drehzapfen

Zur Führung des Brückenrahmens in den Drehgestellen dient jeweils ein Drehzapfen. Beide Drehzapfen sind in ihrem Lager senkrecht verschiebbar und nehmen somit keine Tragkräfte auf. Das Drehzapfenlager im vorderen Drehgestell ist fest, das Lager im hinteren Drehgestell in Längsrichtung der Lokomotive beweglich.

Mechanischer Teil

Triebdrehgestell

Jedes Triebdrehgestell besitzt drei einzeln angetriebene und in seinem Rahmen festgelagerte Radsätze. Jeweils der mittlere Radsatz hat um 10 mm schwächer gedrehte Spurkränze. Dadurch ist die Lok in der Lage, Gleisbögen von einem Radius bis 150 Meter zu befahren. Ein Tatzmotor mit beiderseitig schrägverzahnten Zahnrädern und einer Übersetzung von 16:86 treibt jeden Radsatz an. Mit seinen Tatzlagern stützt sich der Motor einerseits auf die Achswelle. Andererseits ist er federnd in einem Bügel aufgehängt, der in Längsrichtung der Lokomotive schwingen kann. Die federnden Auflager sind unmittelbar am Motorgehäuse angebracht. Sie bestehen aus je zwei Federtopfpaaren, deren gewölbte Böden oben und unten gegen gehärtete Platten drücken. Die Triebdrehgestellrahmen sind als Außenrahmen ausgeführt. Kräftige Querverbindungen sorgen zwischen den 28 mm starken Hauptrahmenblechen für die nötige Stabilität. An den äußeren Rahmenenden befinden sich Presspufferträger mit den normalen Zug- und Stoßvorrichtungen der DRG. Sollte die Lok einmal auf Abwege geraten, sind für das Eingleisen der Maschine außerhalb des Rahmens besondere Eingleisungskonsolen vorgesehen.

Beim vorderen Triebdrehgestell sind die Tragfedern des 2. und 3. Radsatzes durch Längsausgleichshebel miteinander verbunden, um eine stabile Abstützung des Triebdrehgestellrahmens auf die Radsätze zu erhalten. Dagegen sind beim hinteren Drehgestell sämtliche Tragfedern jeder Seite durch Längsausgleichshebel miteinander verbunden. Somit erfolgt die Abstützung des hinteren Triebdrehgestellrahmens auf jeder Seite in einem Punkt, ist also labil.

Die Zug- und Stosskräfte werden durch eine Art Lok-Tender-Kurzkupplung unmittelbar durch die Drehgestelle aufgenommen. Ein Kuppeleisen überträgt die Zugkräfte zwischen den beiden Drehgestellen. Die Druckkräfte nimmt ein Paar gefederter

■ Triebdrehgestellrahmen beim Aufsetzen auf die Radsätze, auf dem Drehgestellrahmen ruhen die beiden Hauptluftbehälter.
Werkfoto: AEG, Archiv Adtranz

Mechanischer Teil

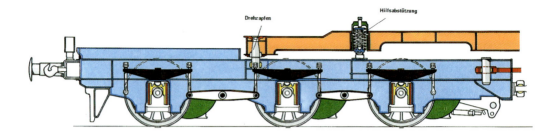

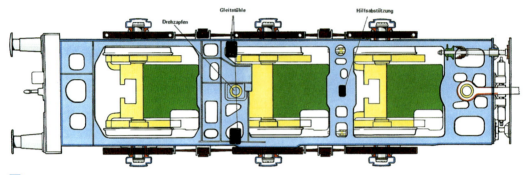

■ **Drehgestell der BR E 93, schematisiert.** *Abbildung: Sammlung Koppisch, Archiv transpress*

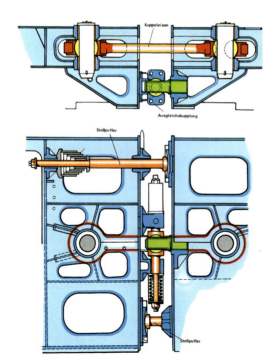

Stosspuffer auf, die mit Keilflächen auf Druckstücken am gegenüberliegenden Triebdrehgestell ruhen. Diese Puffer sorgen auch dafür, dass die Drehgestelle nach dem Durchfahren von Gleisbögen wieder gerade laufen.

Die Verbindung beider Drehgestellrahmen wird in senkrechter Richtung durch eine Ausgleichskupplung hergestellt. Dadurch ist die gesamte Abstützung der Lokomotive auf die Radsätze statisch ausreichend abgesichert. Insgesamt konnte mit der gewählten Anordnung der Ausgleichshebel und der Motoren nach der Kurzkupplungsseite hin sowie durch die Ausgleichskupplung eine sehr günstige Ausnützung des Reibungsgewichtes erzielt werden, denn die Entlastung der einzelnen Treibachsen ist auf den kleinstmöglichen Wert beschränkt. Bei Höchstzugkraft werden z.B. die Radsätze des vor-

■ **BR E 93 Kurzkupplung, Ausgleichkupplung und Rückstelleinrichtung.** *Abbildung: Sammlung Koppisch, Archiv transpress*

Mechanischer Teil

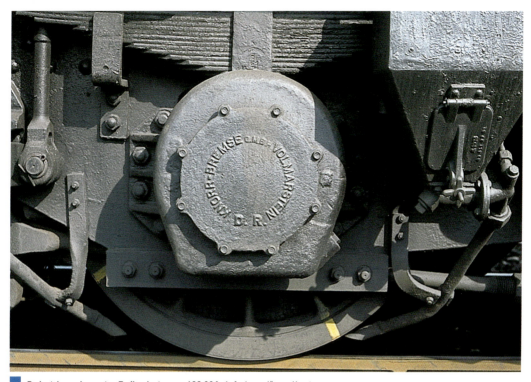

■ **Radsatzlager des ersten Treibradsatzes an 193 004.** *Aufnahme: Jürgen Krantz*

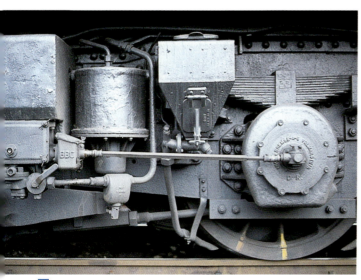

■ **Dritter Treibradsatz mit Bremszylinder, Antriebswelle der Schmierpumpe und Sandstreueinrichtung.**
Aufnahme: Jürgen Krantz

auslaufenden Drehgestells mit 1525 kp belastet, die Radsätze des hinteren Drehgestells um den gleichen Wert entlastet.

Als Radsatzlager werden vollkommen geschlossene Isothermos-Radsatzlager mit Peyinghaus-Schleuderschmierung verwendet.

Die Vorbauten auf den Triebdrehgestellen sind leicht abnehmbar und mit Klappen ausgerüstet, welche eine gute Zugänglichkeit der hier untergebrachten Ausrüstung gewährleisten. In ihnen befinden sich jeweils
– ein Maschinensatz mit zwei Lüftern für die Fahrmotoren der Radsätze 1 und 2 bzw. 5 und 6,
– der Richtungswender für die drei Fahrmotoren eines Triebdrehgestells,

Mechanischer Teil

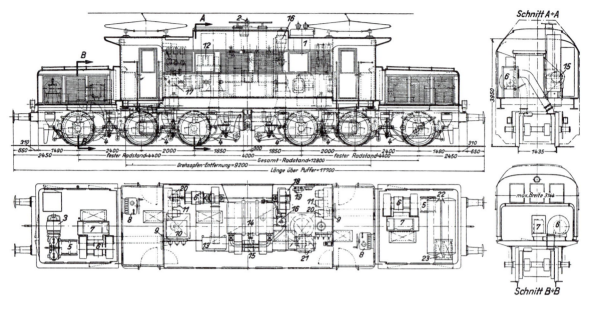

1 = Ölschalter
2 = Oberspannungswandler
3 = Motorluftpumpe
4 = Fahrmotoren
5 = Wendefeldwiderstände
6 = Motorlüfter
7 = Richtungswender
8 = Fahrschalter und Meßinstrumente
9 = Handbremse
10 = Zusatztransformator
11 = Trennschütze
12 = Hilfsschütze
13 = Nockenschaltwerk
14 = Transformator
15 = Transformatorlüfter
16 = Ölpumpe
17 = Lichtgenerator
18 = Heizschütze
19 = Lichtregler
20 = Fahrmotorsicherungen
21 = Feinregler
22 = Hauptluftbehälter
23 = Lichtbatterie

Schnittzeichnung der Baureihe E 93. *Zeichnung: AEG, Archiv Adtranz*

– Klemmgerüst und -leisten für die Motorstromkabel und die Steuerleitung sowie
– die Wendefeldwiderstände zu den Fahrmotoren. Zusätzlich sind im vorderen Vorbau querliegend am Stirnende die beiden Hauptluftbehälter und darunter der Kasten für die 24 V-Batterie eingebaut. Ansonsten stimmen Aufbau und Ausrüstung der beiden Vorbauten weitgehend überein.

Elektrischer Teil

Zwei **Scherenstromabnehmer** – ursprünglich Bauart SBS 9, später SBS 10 – entnehmen dem Fahrdraht den Einphasenwechselstrom von 15 kV/ 16,7 Hz. Zum Aufrichten und Andrücken der Stromabnehmer an den Fahrdraht dient ein Druckluftzylinder, dessen Kolbenstange eine Schraubenfeder anspannt. Diese wirkt auf eine der beiden drehbaren Hauptwellen des Stromabnehmers. Im Zylinder müssen mindestens 4 atü Luftdruck zum Aufrichten vorhanden sein. Die genannte Schraubenfeder ermöglicht auch die Einstellung des Anpressdrucks des Schleifstücks an den Fahrdraht, der durchschnittlich 4 bis 6 kg betragen soll.

Beide Stromabnehmer sind durch eine **Hochspannungsleitung** verbunden, die zum Einführungsisolator des Ölschalters führt. Neben jedem Stromabnehmer ist ein **Trennschalter** vorhanden, der vom Maschinenraum aus manuell betätigt werden kann. Somit kann bei Beschädigung eines Stromabnehmers dieser von der Hochspannungs-Dachleitung abgetrennt werden. Als Neuheit ist in die durchgehende Hochspannungsleitung ein in das Dach eingebauter **Hochspannungswandler** angeschlossen. Bei einer Leitungsspannung von 15 kV herrscht an seiner Niederspannungsseite eine Spannung von 150 V. An diese Niederspannungswicklung sind die Hochspannungsmesser der Führerstände angeschlossen.

Die Dachleitung führt weiter zum **Ölhauptschalter** der Einheitsbauart BBC (Typ BO) mit Klotzkontakten und mehrfacher Stromunterbrechung. Er hat die Aufgabe, normale Betriebsströme und etwaige auftretende Kurzschlußströme sicher und zuverlässig abzuschalten. Sämtliche Schaltapparate sind in einem geschlossenen, mit Öl gefüllten Kessel untergebracht, der auf einem besonderen Grundrahmen auf dem Lokomotivdach ruht. Der Kessel des Ölschalters ragt in das Innere des Maschinenraumes hinein, während sich sein Deckel mit Ein- und Ausführungsisolatoren oberhalb des Daches befindet. Der Ölkessel ist druckfest gebaut und in seinem Deckel sind Explosionskappen vorhanden, durch die beim Ausschalten eventuell entstehende Ölgase abziehen können. Das Schalten erfolgt durch Heben und Senken der Schaltbrücke mit Hilfe eines im Maschinenraum seitlich am Ölschalterkessel angebrachten Antriebs. Eingeschaltet wird normalerweise durch einen Druckluftstoss, für den mindestens ein Druck von 4 atü im Hauptluftbehälter vorhanden sein muss. Andernfalls muss von Hand ein am Antrieb angebrachter Klinkenhebel betätigt werden. Das Ausschalten geschieht durch Federkraft: entweder von Hand durch einen auf jedem Führerstand vorhandenen Hebel oder durch Ansprechen eines der drei in den Ölschalterantrieb eingebauten Relais mit folgenden Aufgaben:

– Das **Maximalrelais** löst den Ölschalter aus, sobald der Hochspannungsstrom über ein zulässiges, einstellbares Maß ansteigt. Hierfür ist in den Einführungsisolator des Ölschalters ein Stromwandler eingebaut, dessen Sekundärstrom unmittelbar dem Relais zufließt.

– Das **Auslöserelais** kann sowohl von Hand durch einen Kontakt am Führerbügelventil als auch selbsttätig durch den Höchststromauslöser im Heizstromkreis und im Feinreglerkreis geschaltet werden.

– Das **Nullspannungsrelais** löst aus, sobald die Spannung ausbleibt oder unter 50% der Normalspannung sinkt.

Elektrischer Teil

■ Blick auf die Dachausrüstung von 193 016. Zu erkennen sind neben den beiden Pantographen der Bauart SBS 10 auch die Hochspannungsdachleitung sowie der Oberspannungswandler. Im Hintergrund steht 193 008, gut zu sehen sind auf diesem Bild die beiden unterschiedlichen Seitenwände der BR E 93. *Aufnahme: Gerhard Rieger*

Vom Ausführungsisolator des Ölschalters führt die Hochspannungsleitung weiter über den Dachdurchführungsisolator ins Innere der Lokomotive zum **Haupttransformator** (Typ AEG BLT 102). Dieser steht in der Mitte des Maschinenraumes auf einer zwischen die Hauptwangenbleche gezogenen Tragekonstruktion aus Profileisen und ist als ölgekühlter Manteltrafo mit stehendem Kern ausgeführt. Hier wird der hochgespannte Fahrdrahtstrom in für die Fahrmotoren brauchbaren, niedergespannten Strom umgewandelt. Der Trafo sitzt in einem ölgefüllten Blechkasten, der auch noch einen Stromwandler enthält. Dieser ist zwischen Ober- und Unterspannungswicklung geschaltet. Folgende Leistungszahlen bei Dauerbetrieb charakterisieren den Trafo:

Hochspannungsstrom	112 A
Nennleistung auf der Niederspannungsseite	1680 kVA
im Winter für Zugheizung bei 1000 V	400 kW

Um die verschiedenen Motorspannungen zu erhalten, hat die Unterspannungswicklung des Trafos 15 Anzapfungen mit 50, 84, 118, 151, 185, 218, 252, 286, 319, 353, 386, 420, 454, 487 und 521 Volt. Für den Steuerstrom und die Hilfsbetriebe ist eine Anzapfung mit 201 Volt vorhanden, für den Zusatztrafo eine mit 235 Volt. Drei weitere Anzapfungen von 605, 807 und 1008 Volt stehen für die Zugheizung zur Verfügung.

Bei der Umwandlung des Stromes entstehen erhebliche Wärmemengen, so dass eine ausreichend dimensionierte **Kühlung des Trafos** erforderlich ist. An den quer zur Fahrtrichtung stehenden Seitenwänden des Trafokastens sind Kühlrohre angebracht, die senkrecht von oben nach unten verlaufen und mit Kühlrippen versehen sind. Die Kühlrohre sind zu Gruppen zusammengefasst und mit Blechen verkleidet, so dass Luftkanäle bzw. Kühltaschen entstehen. Durch eine senkrecht im Trafokasten eingebaute Ölpumpe (Typ EHM 15) ohne Stopfbuchsen wird das warme Öl aus dem Trafokasten abgesaugt, durch die hintereinandergeschalteten Kühlrohre gedrückt und gekühlt wieder dem Trafokasten zugeführt. Ein Kühlaggregat – bestehend aus Motor und zwei damit gekuppelten Schleuderradlüftern – saugt die Kühlluft durch vier große Jalousien in der Seitenwand an und an Kühlrohren in den Kühltaschen vorbei. Anschließend wird die warme Kühlabluft durch zwei senkrechte Schächte, im Sommer durch das Dach ins Freie oder aber im Winter in den Maschinenraum gedrückt. Im Winter wird so eine zu niedrige Temperatur im Maschinenraum vermieden, wobei die Umstellung zwischen Sommer- und Winterbetrieb durch handbetätigte Klappen in den senkrechten Luftkanälen erfolgt.

Die Regelung von Zugkraft und Geschwindigkeit der Lok erfolgt durch die mechanisch betätigte Feinreglersteuerung, die erstmalig bei einer so großen Lok zum Einsatz kam. Dabei werden mit Hilfe eines Fahrhandrads die Motoren über die einzelnen Schalter eines Nockenschaltwerks und einen Feinregler mit den verschiedenen Trafoanzapfungen verbunden.

Das Nockenschaltwerk wird vom Handrad über einen Kettenantrieb, eine unter dem Lokomotivkasten angeordnete Welle sowie eine weitere Ketten- und Zahnradübertragung bewegt. Entsprechend den 15 Trafoanzapfungen enthält es 15 Nockenschalter, welche von Nockenscheiben betätigt werden, die auf einer in der Mitte des Schaltwerks senkrecht angebrachten Welle sitzen. Jeder Nockenschalter hat einen Hauptkontakt sowie drei Hilfskontaktpaare, die bei der Betätigung eines Nockenschalters zuerst schließen und zuletzt öffnen. Neben diesen 15 Hauptschaltergruppen enthält das Nockenschaltwerk noch eine kleinere Schaltgruppe, über die der Spannungsteiler des Feinreglers versorgt wird. Ferner sind noch zwei Gruppen von Hilfskontakten untergebracht. Eine Gruppe von zwei Hilfskontakten schaltet die Trennschütze, die zweite Gruppe von drei Hilfskontakten ist für die Triebmotoren und den Trafolüfter zuständig.

Die einzelnen Motorstromanzapfungen des Haupttrafos werden durch das Nockenschaltwerk an die Hauptwicklung des **Hilfstrafos** angeschaltet, der als Trockentrafo (Typ AEG BHT 104) ausgeführt

Elektrischer Teil

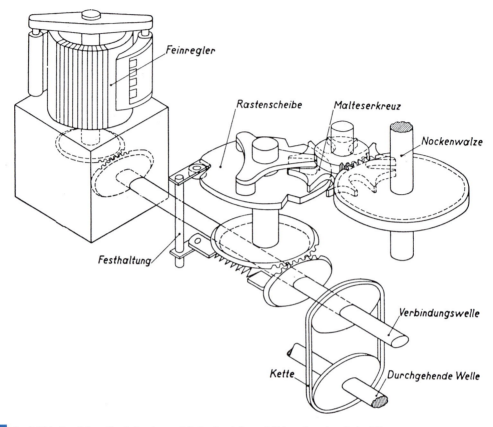

Der Antrieb eines Lokomotivschaltwerks, vereinfachte Darstellung. *Abbildung: Sammlung Gerhard Rieger*

ist. Dieser hat die Aufgabe, beim Weiterschalten von einer Spannungsstufe des Haupttrafos auf die nächste die Unterbrechung des Fahrmotorstroms zu vermeiden und auf den einzelnen Betriebsstufen die zugeführten Ströme verschiedener Spannungsstufen auf einen Gesamtstrom mittlerer Spannung zu bringen. Die sechs Fahrmotoren erhalten von der Mittelanzapfung der Hauptwicklung des Hilfstrafos (Stromteilerwicklung) ihren Strom. Die andere Wicklung (Erregerwicklung) wird vom Feinregler gespeist.

Der **Feinregler** besteht aus einem Spannungsteiler, über den ein feststehender Kollektor gebaut ist. Gespeist wird der Spannungsteiler über einen Schalter am Nockenschaltwerk, welcher an der 235 V-Anzapfung des Haupttrafos anliegt. Der Spannungsteiler besitzt 72 Anschlüsse, die mit je zwei Lamellen des Kollektors verbunden sind. Auf einem Bürstenjoch sind zwei diagonal gegenüberliegende Kohlenbürstenreihen angeordnet, welche auf dem Kollektor schleifen. Jede Bürstenreihe ist mit der Erregerwicklung des Hilfstrafos verbunden. Das Bürstenjoch wird um den Kollektor durch einen Antrieb gedreht, welcher mit dem Antrieb des Nockenschaltwerks gekuppelt ist. Der Kollektor enthält zunächst zwei gegenüberliegende, breite Segmente (je 90 Grad des Umfangs), die mit den Enden des Spannungsteilers verbunden sind. Zwischen diesen beiden breiten Segmenten liegen schmale Segmente, die mit den Spannungsteileranzapfungen verbunden sind. In der Mitte dieser beiden Gruppen mit schmalen Segmenten liegt je-

Elektrischer Teil

weils wieder ein breiteres Zwischensegment (rund 9 Grad des Umfangs), welchem eine besondere Aufgabe zukommt:

Beim Anfahren schwerer Züge muss das Überschalten von einer Fahrstufe zur nächsthöheren langsam geschehen, wenn die zugelassene Höchststromstärke nicht überschritten werden soll. Langsames Überschalten bei hoher Stromstärke führt aber zu einer hohen Beanspruchung des Feinreglers und sein Kollektor würde unter dieser leiden. Um dieses zu vermeiden, sind die Zwischensegmente vorgesehen. So kann nun z.B. von Fahrstufe 3 das Fahrhandrad und damit auch das Bürstenjoch des Feinreglers ziemlich schnell um 90 Grad in die Mitte zwischen die Fahrstufen 3 und 4 gedreht werden. Damit stehen die Bürsten auf den Zwischensegmenten. Hier wird keine Leistung vom Feinregler auf den Hilfstrafo übertragen und seine Erregerwicklung ist über die Feinreglerbürsten kurzgeschlossen. In dieser Stellung kann die Steuerung bis zu höchstens einer Minute belassen werden, so dass mit fortschreitender Anfahrt der Motorstrom wieder genügend weit abgeklungen ist. Dann kann das Handrad weiter in Stellung 4 gedreht werden.

Von der Mittelanzapfung der Sekundärspule des Hilfstrafos führen die elektrischen Leitungen zu den drei Fahrmotoren jedes Triebgestells. Dazwischen ist je ein **Motorstromwandler** geschaltet. Da durch jeden Motorstromwandler der Strom einer Motorengruppe fließt, liefern ihre Sekundärwicklungen den Strom für die Stromanzeiger der beiden Motorengruppen. Vor jeden Fahrmotor sind noch je ein Stromwandler für das Motorüberstrom-Relais sowie ein elektro-magnetisches Trennschütz angebracht.

■ **Der Fahrmotor EKB 620 der Baureihe E 93.** *Werkfoto: AEG, Archiv Adtranz*

Elektrischer Teil

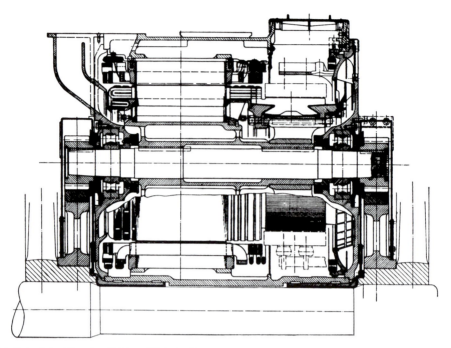

■ **Schnitt durch den Fahrmotor.** *Abbildung: AEG, Archiv Adtranz*

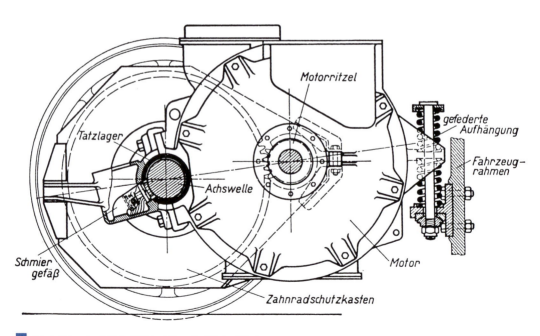

■ **Prinzip Tatzmotor-Antrieb.** *Abbildung: Sammlung Gerhard Rieger*

Elektrischer Teil

Die **Fahrmotoren** sind als kompensierte Reihenschlussmotoren ausgeführt und bestehen aus Ständer, Läufer und Bürstenring. Im Motorgehäuse sind außerdem die Tatzlager untergebracht, welche den Treibradsatz umfassen; ferner die gefederte Abstützung, mit welcher der Motor auf dem Triebdrehgestell aufliegt sowie die Luftzuführungskanäle. Im Stromkreis hinter den Motoren ist ein handbetätigter Trennschalter vorhanden, so dass die Motoren beiderseitig abgeschaltet werden können. Die Fahrmotoren weisen folgende Daten auf:

Läuferdurchmesser	620 mm
Kommutatordurchmesser	530 mm
zulässige Kommutatorabnutzung (im Durchschnitt gemessen)	30 mm
Bürstenhöhe	50 mm
Bürstenbreite	45 mm
Bürstenstärke	10 mm
größte zulässige Bürstenabnutzung	25 mm
Anpressdruck einer Bürste etwa	1,12 kg oder 250 g/cm²
Luftspalt zwischen Ständer und Läufer allseitig	3 mm

Die Fahrmotoren der ersten vier E 93 mit 65 km/h Höchstgeschwindigkeit erhielten die Bezeichnung EKB 620. Mit verstärktem Kommutator waren die Motoren der E 93 05 bis 18 ausgerüstet, da bei gleicher Getriebeübersetzung die Höchstgeschwindigkeit auf 70 km/h heraufgesetzt wurde. Zur Unterscheidung erhielten diese Motoren die Bezeichnung EKB 620a.

Die im Fahrbetrieb zulässigen Leistungen der E 93 sind aus dem Schaubild ersichtlich.

Die Änderung der Fahrtrichtung wird durch die Umkehrung der Drehrichtung der Läufer vorgenommen. Dies geschieht durch die Umkehrung der Stromrichtung in den Erregerwicklungen sämtlicher Fahrmotoren mit Hilfe zweier **Richtungswender.** Für jeden Fahrmotor werden vier Richtungswender-Kontaktpaare benötigt, für jede Fahrtrichtung zwei. Die Richtungswender-Kontaktpaare für jede Motorgruppe sind in je einem gemeinsam betriebenen Richtungswender zusammengefasst, die elektropneumatisch durch Druckluftzylinder und Magnetventilsteuerung betrieben werden.

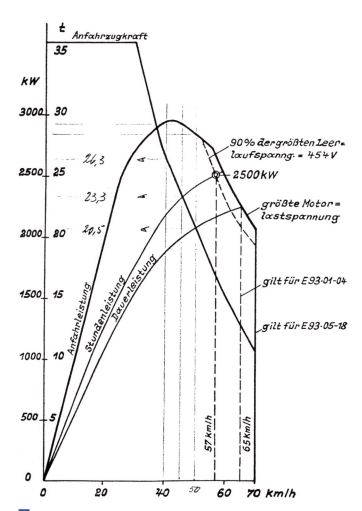

■ **Leistungsdiagramm der Baureihe E 93.** *Abbildung: Sammlung Gerhard Rieger*

Elektrischer Teil

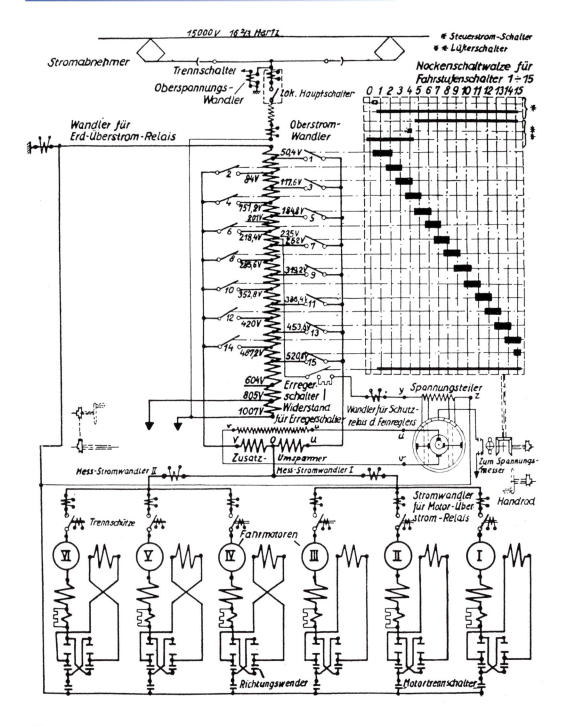

Schaltbild der Starkstrom- und Hochspannungskreise. *Abbildung: Sammlung Gerhard Rieger*

Elektrischer Teil

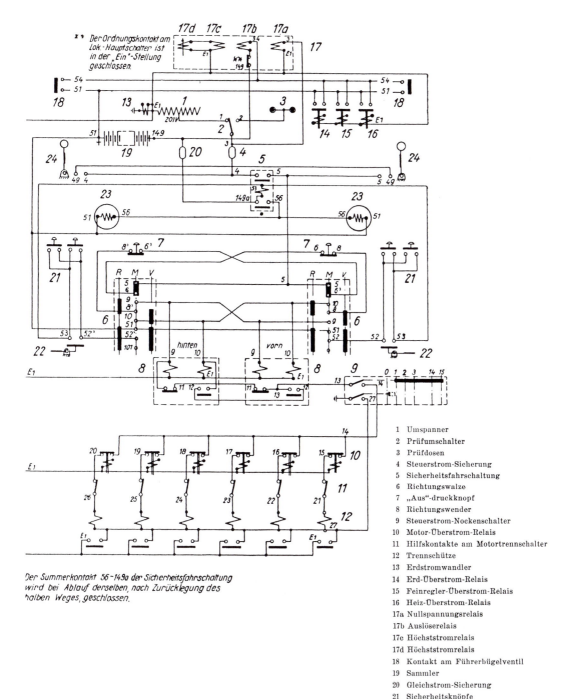

Steuerstrom-Schaltbild der E 93. Abbildung: Sammlung Gerhard Rieger

1 Umspanner
2 Prüfumschalter
3 Prüfdosen
4 Steuerstrom-Sicherung
5 Sicherheitsfahrschaltung
6 Richtungswalze
7 „Aus"-druckknopf
8 Richtungswender
9 Steuerstrom-Nockenschalter
10 Motor-Überstrom-Relais
11 Hilfskontakte am Motortrennschalter
12 Trennschütze
13 Erdstromwandler
14 Erd-Überstrom-Relais
15 Feinregler-Überstrom-Relais
16 Heiz-Überstrom-Relais
17a Nullspannungsrelais
17b Auslöserelais
17c Höchststromrelais
17d Höchststromrelais
18 Kontakt am Führerbügelventil
19 Sammler
20 Gleichstrom-Sicherung
21 Sicherheitsknöpfe
22 Fußtritt für Sicherheitsfahrschaltung
23 Summer
24 Störungsschalter

Hilfseinrichtungen

Führerstand

In beiden Führerständen sind folgende **Messeinrichtungen** zur Überwachung des Fahrbetriebes vorhanden:
– Anzeige des Schaltzustandes des Ölschalters mit Hilfe von Schauzeichen
– Anzeige der Fahrdrahtspannung
– Anzeige der dem Fahrdraht entnommenen Stromstärke
– Anzeige der von jeder Fahrmotorgruppe aufgenommenen Stromstärke
– Anzeige der Heizspannung für die Zugheizung
– Anzeige der Mittelstellung der Feinreglerbürsten
– Anzeige der Fahrgeschwindigkeit (Geschwindigkeitsmesser Bauart »Deuta«)
– je ein Luftdruckmesser für den Hauptluftbehälter, für die Hauptluftleitung und für die Bremszylinder der Treibachsen

Der **Ausschaltknopf im Fahrschalter** dient zum schnellen Unterbrechen der Motorstromkreise mittels der Trennschütze.

Für die Betätigung der **Sicherheitsfahrschaltung (Sifa)** sind ein Sicherheitstritt vor dem Fahrschalter sowie drei Sicherheitsknöpfe vorhanden. Ein Sicherheitsknopf befindet sich im Führerpult, die beiden anderen jeweils neben dem Türfenster. Durch die an der Lichtmaschine liegende Betätigungsspule der Sifa fließt Strom, wenn entweder der Sicherheitstritt oder einer der drei Druckknöpfe niedergedrückt wird. Wird der Stromfluss durch Loslassen des Fußkontaktes oder eines Druckknopfes unterbrochen, so schließt sich nach rund 75 m Fahrweg zunächst an der Sicherheitsfahrschaltung ein Kontakt, durch den zwei parallel geschaltete Summer ausgelöst werden. Bleiben die Kontakte über weitere 75 m offen, so wird der Steuerstromkontakt der Sifa unterbrochen. Damit werden die Trennschütze zum Abfallen gebracht und die Fahrmotoren somit abgeschaltet. Weiter wird aus der durchgehenden Bremsleitung die Druckluft herausgelassen und so die Druckluftbremse des Zuges ausgelöst.

Fahrmotorlüfter

Für jeden Fahrmotor ist ein besonderes Kühlluftgebläse vorhanden, das bei 1700 U/min rund 100 m^3/min ansaugt. Je zwei Gebläse werden von einem gemeinsamen Einphasenmotor mit 10,5 kW Leistung angetrieben. Die Lüftersätze für die beiden außen liegenden Motorpaare (I und IV) sind in den Vorbauten aufgestellt. Für die Motoren der inneren Treibachsen sind die Lüfter dicht vor und hinter dem Trafo eingebaut und durch eine Welle miteinander gekuppelt. Vor dem einen Lüfter sitzt der Motor III, der bei den E 93 01 und 02 über das andere Wellenende außerdem noch den Lichtgenerator antreibt. Die beiden Trafolüfter sind mit einem weiteren Motor II ebenfalls unmittelbar zusammengebaut. Jeder von ihnen liefert bei 1800 U/min rund 80 mΔ/min. Die beiden Lüftermotoren I und IV sowie II und III sind stets parallel geschaltet und zu einer Gruppe zusammengefasst. Durch Betätigung der Lüfterschalter in den Führerständen können die Lüftermotoren von Hand ein- und ausgeschaltet werden. Ab Fahrstufe 5 sind die Lüfter automatisch in Betrieb und können nicht mehr durch die Handschalter beeinflusst werden.

Hilfseinrichtungen

Blick in den Führerstand der 193 018, aufgenommen am 16. Juli 1984 in Kornwestheim.
Aufnahme: Horst J. Obermayer

Drucklufteinrichtung

Die gesamte Druckluft wird durch eine zweistufige Luftpumpe der Bauart Knorr VV224 erzeugt, die bei 200 U/min rund 90 m∆/min gegen 8 atü fördert. Als Antrieb dient ein Wechselstrom-Reihenschlussmotor mit einer Leistung von 15 kW. Pumpe und Motor sind in einem Bauteil zusammengefasst, die Kraftübertragung erfolgt durch ein Zahnradgetriebe. Die Luftpumpe arbeitet selbsttätig bis zum Erreichen des Betriebsdrucks von 8 atü und schaltet dann ab. Sobald der Druck unter 6,5 atü sinkt, springt sie wieder an. Sie kann auch von jedem Füh-

Hilfseinrichtungen

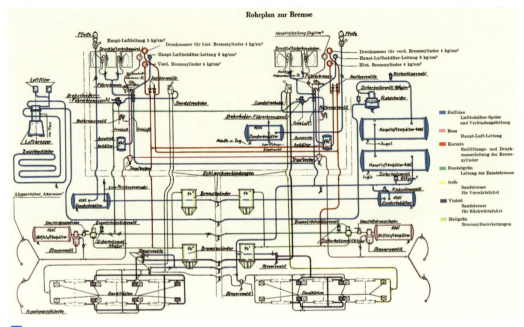

Rohrplan zur Bremse der Baureihe E 93. *Abbildung: Sammlung Gerhard Rieger*

rerstand durch einen Handschalter ein- und ausgeschaltet werden. Die erzeugte Druckluft dient zur Betätigung von:

1. Druckluftbremse:
Die Lok ist mit einer Einkammerluftdruckbremse der Bauart Kunze-Knorr mit Zusatzbremse ausgestattet. Die Treibachsen werden durch einseitig angeordnete, etwas unterhalb der Radmitte liegende Bremsklötze in geteilter Ausführung abgebremst. Dafür sind in jedem Triebdrehgestell zwei Bremszylinder vorhanden. Jeder Führerstand ist mit einem Führerbremsventil, einem Zusatzbremshahn sowie zwei Auslöseventilen ausgerüstet.

2. Ölschalter- und Stromabnehmerantrieb:
Mittels des Führerbügelventils wird Druckluft aus einem Luftbehälter entnommen und zu den jeweiligen Antriebszylindern geführt. Das Führerbügelventil hat fünf Stellungen: »Abschluss«, »Bügel nieder«, »Ölschalter aus«, »Bügel hoch« und »Ölschalter

ein«. Ein Bügeleinstellventil befindet sich nur im hinteren Führerstand. Es hat einen festen und einen abnehmbaren Griff. Der feste Griff ermöglicht die Einstellungen »Handpumpe« oder »Motorpumpe«. Der abnehmbare Griff kann auf die Stellungen »Ein Bügel hoch« (wahlweise), »Beide Bügel hoch« oder »Beide Bügel nieder« gebracht werden.

3. Sandstreuer:
Vorhanden sind Pressluftsandstreuer mit saugenden Düsen und hochdurchgeführten Sandentnahmerohren in den Sandkästen. Zur Sandung ist in jedem Führerstand ein Sandstreuhahn angebracht, der nur in einer Fahrtrichtung sandet und zwei Arbeitsstellungen besitzt. In der ersten Stellung erhält nur die vorauslaufende Treibachse Sand, in der zweiten werden alle Treibachsen gesandet. Der Sand wird in acht doppelten und acht einfachen Sandkästen vorgehalten, die gut zugänglich an den Drehgestellrahmen angeschraubt sind. Damit kann allen Treibachsen in beiden Fahrtrichtungen Sand zugeführt werden.

Hilfseinrichtungen

4. Luftpfeifen:
Diese befinden sich auf dem Dach über den Führerständen, von wo sie mit Hilfe des Pfeifenzuges betätigt werden können.

5. Druckluftscheibenwischer
für die Stirnwandfenster der Führerstandsseiten: Diese werden durch einen Dreiwegehahn im Führerstand in Gang gesetzt.

6. Richtungswender

7. Anlassschütz

Beleuchtung der Lokomotive

Die Lichtstromkreise für die Beleuchtung des Lokinnenraums und der Signallaternen werden durch Gleichstrom von 24 Volt versorgt. Zur Speisung dient bei den E 93 01 und 02 ein Lichtgenerator, der von einem Lüftermotor angetrieben wird. Bei den E 93 03-18 sorgt ein Selen-Gleichrichter, der über einen primärseitig an 201 Volt Wechselstrom liegenden Trafo gespeist wird, für den nötigen Saft. Die Lichtschalttafeln an den Rückwänden der Führerstände enthalten die Kleinselbstschalter für die einzelnen Beleuchtungsstromkreise. Die beiden über den Puffer befindlichen Signalleuchten können mit Hilfe eines Hell- und Dunkelschalters auf volle Lichtabgabe oder durch Vorschalten eines Widerstandes auf geschwächte Lichtabgabe geschaltet werden.

Heizung

Zur Heizung eines Führerstandes sind zwei Heizöfen vorhanden, einer davon ist mit einem Wärmeschrank versehen.
Obwohl primär für den Güterzugdienst gebaut besitzen die E 93 auch eine elektrische Zugheizung. Dafür sind am Haupttrafo drei Anzapfungen von etwa 600, 800 und 1000 Volt vorgesehen. Die 600 V-Anzapfung ist nicht angeschlossen. Die Heizleistungen der beiden anderen Spannungsstufen betragen bei 800 V rund 256 kW und bei 1000 V rund 400 kW, wobei letztere nur zum Vorheizen eines stehenden Zuges dient.

Handbremse

An jeder Führerstandsrückwand befindet sich ein Handrad mit umlegbarem Handgriff, das mit Hilfe einer Spindel auf das Bremsgestänge arbeitet. Diese Spindelbremse wirkt jeweils nur auf das darunter befindliche Triebdrehgestell.

Lager und Schmierung

Sämtliche Lager der Triebmotoren, der Hilfsmotoren und der Luftpumpe sind als Rollenlager ausgebildet.
Die Schmierung der Tatzlager und der Triebzahnräder erfolgt von der Grube aus.
Das Nachfüllen der Isothermos-Lager der Treibachsen erfolgt durch eine seitliche Füllschraube.
Zur Schmierung der Drehzapfen, Gleitstühle sowie der oberen Gleitplatten für die Abstützung des ersten bzw. sechsten Motors sind seitlich an den Hauben und an der Führerhausseitenwand Schmiergefäße angebracht. Die Schmiergefäße für die oberen Gleitplatten der übrigen Motorabstützungen befinden sich seitlich am Rahmen und auf dem Kuppelkasten, wo auch die Schmiergefäße für die Stosspuffer sitzen.

Hilfseinrichtungen

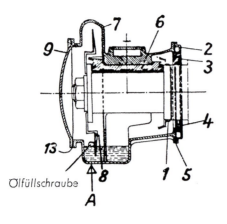

Treibachslager

1. Ölfangring
2. Staubtaschenkappe
3. Dichtungsring
4. Innerer Staubring
5. Kappendichtung
6. Lagerschale
7. Gehäuse
8. Schleuder, zweiteilig
9. Deckel
13. Deckeldichtung

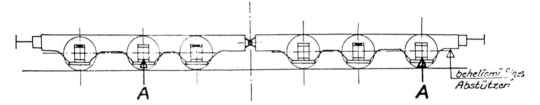

■ Darstellung des Treibachslagers und des Ein- und Ausbaus der Achslagerschalen.
Abbildung: Sammlung Gerhard Rieger

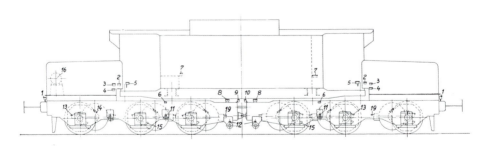

■ Schmierplan der Lokomotive.
Abbildung: Sammlung Gerhard Rieger

BAUREIHE E 93

Farbgebung und Bauartänderungen

Farbgebung

Bei ihrer Anlieferung trugen die E 93 ein stahlgraues Farbkleid (entsprechend RAL 7031), Zierleisten und Absetzkanten waren schwarz. Brückenrahmen und Triebdrehgestelle einschließlich der Sandkästen sowie der Radsterne kamen ebenfalls tiefschwarz daher. Die weiss abgesetzten Radreifen bildeten dazu einen schönen Kontrast. Das Dach glänzte silbern, denn es war mit Eisenglimmer-Alufarbe gestrichen. Alufarben schimmerten auch die Stromabnehmer der Bauart SBS 9, nur deren Gelenkecken besaßen feuerrote Markierungen. Später wurden sie durch rote SBS 10-Stromabnehmer ersetzt. Aus Sicherheitsgründen mussten auch die Dachleitungen mit einem feuerroten Anstrich versehen werden.

Im Laufe des Zweiten Weltkrieges mussten die hellen Dächer zur besseren Tarnung gegen Tieffliegerangriffe schwarz gestrichen werden, diese Maßnahme wurde allerdings nach dem Krieg revidiert.

Nach Einführung des grünen DB-Einheitsanstrichs für Elektrolokomotiven im Mai 1950 konnten sich in der Folge auch die E 93 dieser Lackie-

■ E 93 02 im Ablieferungszustand. Der Lokkasten ist stahlgrau, Zierlinien und Kanten schwarz, ebenso Rahmen und Fahrwerk. Dach und Stromabnehmer waren silbern bzw. aluminiumfarben. *Werkfoto: AEG, Archiv Adtranz*

Farbgebung und Bauartänderungen

Zum Vergleich dieselbe Lokomotive 45 Jahre später: 1978 trägt die nun als 193 002 bezeichnete Maschine das bundesbahntypische grüne Farbkleid, die Pantographen sind rot. *Aufnahme: Otto Blaschke*

rung nicht entziehen, alle Maschinen wurden grün umgespritzt. Diese Farbgebung behielten die Lokomotiven bis zur Ausmusterung.

Bauartänderungen

Schon bald nach der Anlieferung stellte sich heraus, dass bei langen Talfahrten die **Lokbremse** unterdimensioniert war. Daher wurde einige Jahre später die gesamte mechanische Bremsanlage verstärkt. AEG lieferte hierzu neue Bremswellen und Umlenkhebel. Natürlich änderten sich dadurch auch die Bremsanschriften. Das Bremsgewicht betrug nun bei Stellung P des G-P-Wechselventils 108 t (bisher 105 t) und bei Stellung G 38 t (bisher 53 t).

Aufgrund der im Zweiten Weltkrieg herrschenden Buntmetallknappheit verloren auch die meisten E 93 in der Kriegszeit ihre **Lokschilder** und erhielten dafür aufgemalte Nummern. Außerdem wurden die zeitgenössischen Hoheitszeichen aufgebracht.

Obwohl die Spurkranzabnutzung bei weitem nicht das bei der Konstruktion befürchtete Maß erreichte, ließ sich ein gewisser Spurkranzverschleiß nicht verleugnen. Am 1. April 1950 wurde die E 93 03 als

Farbgebung und Bauartänderungen

Erste mit einer **DeLimon-Spurkranzschmierung** ausgerüstet, die restlichen folgten sukzessive.

Um den Verschleiß an den Mittelpuffern und Kuppeleisen zu vermindern, ordnete das EZA München mit Verfügung 2113 Fkle vom 27. November 1950 an, die Loks mit einer besseren **Schmierung der Gelenkkupplungen** zwischen den beiden Drehgestellen zu versehen. Ferner wurden mit der Sonderarbeit 3,98 die **Bremsrohrleitungen** abgeändert. Da sich am Rahmen einiger Maschinen Deformierungen zeigten, wurden die **Rahmenobergurte** verstärkt (Sonderarbeit 3,79) Auch erhielten die E 93 bei den Generalaufarbeitungen Anfang der fünfziger Jahre **elektrische Fensterwischer, Klarsichtscheiben** und **Lichtsteckdosen** für Packwagen (Sonderarbeit 3,49) eingebaut.

■ Das ursprünglich über den Frontfenstern angebrachte dritte Spitzenlicht wurde bis 1962 bei allen Loks an die Vorbaufront verlegt, weil die Lichtreflexe auf den Vorbauten bei Nässe das Lokpersonal beeinträchtigte. Ab 1963 erhielten die Maschinen die Induktive Zugsicherung, deren Magnet am Drehgestell den Platz der entfallenen Sandkästen einnahm. Beide Maßnahmen sind auf dieser Porträtaufnahme der 193 011 im Bw Kornwestheim am 16. Juli 1984 gut zu erkennen. *Aufnahme: Horst J. Obermayer*

E 93 18 war die letztgebaute Maschine der Reihe E 93 und wohl eher zufällig auch die letzte, die bei der DB die Indusi erhielt. Erst 1970 erhielt sie die charakteristischen Magneten an den Drehgestellen, am 3. Juni 1968 zeigte sie sich im Bw Kornwestheim noch »nackt« und mit alter Nummer. *Aufnahme: Dieter Schlipf*

Technische Daten

Betriebsnummern		E 93 01-04	E 93 05-18
Achsanordnung		Co'Co'	
Größte zulässige Geschwindigkeit	km/h	65	70
Länge über Puffer	mm	17.700	
Radsatzabstand gesamt	mm	12.800	
Drehzapfenabstand	mm	9.200	
Drehgestell-Radsatzabstand	mm	4.400	
Laufkreisdurchmesser Treibrad neu	mm	1.250	
Achslager Bauart		Isothermos	
kleinster befahrbarer Krümmungshalbmesser	m	150	
Dienstgewicht	t	117,2	117,6
Radsatzlast	t	19,5	
Metermasse	t/m	6,6	
spezielle Leistungskennziffer	kW/t	21,3	
Stundenleistung bei 57 km/h	kW	2.502	
Dauerleistung bei 62 km/h	kW	2.214	
Größte Anfahrzugkraft am Triebradumfang	kN	353	
Stundenzugkraft	kN	158	
Dauerzugkraft	kN	146	
Art des Antriebs		Tatzantrieb	
Übersetzung des Antriebs		16:86	
Stromabnehmer		SBS 9	
Typ des Haupttransformators		Öltrafo mit äußerer Fremdbelüftung und zwangsweisem Ölumlauf	
Leistung des Transformators	kVA	1680	
Art der Steuerung		Nockenschaltwerk mit Feinsteller	
Dauerfahrstufen		15	
Art der Fahrmotoren		Wechselstromreihenschlussmotor	
Anzahl der Fahrmotoren		6	
Drehzahl des Fahrmotors bei HG	U/min	1.540	1.650
Größte Motorspannung	V	504	

Farbgebung und Bauartänderungen

Zu den langsamen E 93 zählte kurzzeitig auch die E 93 05. Nach einem AW-Aufenthalt vom 26.07.51–04.09.51 verließ sie die Hallen des Ausbesserungswerkes mit Fahrmotoren des Typs EKB 620. Folglich musste ihre zulässige Höchstgeschwindigkeit auf 65 km/h reduziert werden. Erst bei ihrer nächsten größeren Untersuchung wurde diese Maßnahme rückgängig gemacht.

Häufige Beschwerden der Lokpersonale über Lichtreflexe auf den Vorbauten bei nasser Witterung führten zur **Verlegung des dritten Spitzenlichts** von der Führerhauswand an die Front des Vorbaus. Als Sonderarbeit 3,108/I war dieser Umbau bis 1962 beendet.

Ab 1957 wurden die Sandkästen zwischen den Radsätzen 1 und 2 sowie 5 und 6 abgebaut. Dieser Platz konnte ab 1963 für den Einbau der **Indusi-Magneten** genutzt werden. Neben der Indusi erhielten die Loks ab 1962 auch ein **Sifa-Zeit-Relais** eingebaut (Sonderarbeit 021). Erst 1970 war mit der 193 018 die Ausrüstung aller E 93 mit der induktiven Zugsicherung abgeschlossen (Sonderarbeit 122 bzw. 133).

Für den Schubdienst auf der Geislinger Steige erhielten die E 93 01 und 02 ab 1962 eine sogenannte **Hilfs- bzw. Überwurfkupplung** einseitig eingebaut. Bei E 93 01 war die Kupplung an der Führerstandsseite 1 zu finden, während sie bei der E 93 02 an der andere Seite befestigt war. Über Seilzug mit Umlenkrolle konnte der starre Kupplungshaken während der Fahrt vom Zug gelöst werden, so dass ein Anhalten des nachgeschobenen Zuges zum Lösen der Schublok entfiel. Nach Ausmusterung der E 93 01 im Jahr 1977 fand ihre Überwurfkupplung bei der E 93 04 noch Verwendung. Ende der siebziger Jahre wurde diese Einrichtung nicht mehr benutzt, die Schubloks kuppelten nicht mehr an die nachzuschiebenden Züge an. Bei der E 93 02 baute man deshalb diese Kupplung aus, während ihre Schwester sie bis zu ihrer Ausmusterung behalten durfte.

Für den Schubdienst auf der Geislinger Steige erhielten E 93 01 und 02 ab 1962 eine »Überwurfkupplung« einseitig angebaut, damit die Maschinen nach Erreichen des Scheitelpunktes vom fahrenden Zug abkuppeln konnten. Nach Ausmusterung der 193 001 im Jahr 1977 erhielt 193 004 die Einrichtung, die aus einem starren Kupplungshaken und einem ins Führerhaus umgelenkten Seilzug bestand. Das Foto aus dem Jahr 1978 zeigt die Vorrichtung an 193 004 im Ruhezustand. *Aufnahme: Otto Blaschke*

Farbgebung und Bauartänderungen

Als einzige E 93 hatte 193 001 bei ihrer letzten U2-Untersuchung 1971 verlängerte Dachenden erhalten, die sie bis zum Schluß behielt. Im September 1974 steht die Maschine am Bahnsteig des Haltepunktes Kornwestheim RBF West.
Aufnahme: Dieter Schlipf

Wie bei den anderen Altbau-Elektrolokomotiven (E 04, 16, 17, 18, 19, 44, 94) wurden ab 1962/63 als Sonderarbeit 140 die **Achslagerführungen** von Rotguss-Gleitplatten auf Hartmangan-Stahlplatten umgebaut. Dies war 1965/66 beendet.

Auch die E 93 mussten Mitte der sechziger Jahre zur Erprobung von **Bremsklotzsohlen aus Kunststoff** herhalten. Wie bei anderen Baureihen zeigten sich ab 60 km/h aufgrund der höheren Abbremsung bald schwere Schäden an den Radsätzen wie eingelaufene oder lose Radreifen. Daher wurden wieder die normalen Graugussklötze verwendet, nachdem auch eine Reduzierung des Bremszylinderdrucks nicht den erhofften Erfolg brachte.

Einen kosmetischen Eingriff musste die 193 001 bei ihrer letzten U2-Untersuchung (01.06.71 - 15.07.71) im AW Freimann über sich ergehen lassen. Gewöhnungsbedürftig waren die **verlängerten Dachenden** über den Führerständen analog der Baureihe 194. Zumindest das optische Erscheinungsbild hatte sich dadurch nicht verbessert.

Alle E 93 wurden 1974/75 noch mit **Zugbahnfunk (ZBF)** ausgerüstet.

Betriebsanleitung

Auch das Führen einer Ellok erfordert einen gewissen Pflegeaufwand und viel Aufmerksamkeit, was ein Blick in die Dienstanweisung für das Lokpersonal eindrucksvoll vermittelt:

Behandlung der Lok vor Antritt der Fahrt

1. Vor Antritt der Fahrt ist die Lokomotive auf ihren ordnungsgemäßen Zustand zu untersuchen.
2. Sämtliche Schmiergefäße sind auf ihren Inhalt nachzuprüfen. Sie müssen so eingestellt sein, dass bei Beginn der Fahrt sofort Öl abgegeben werden kann. Es sind demnach nachzufüllen bzw. nachzusehen:
   – die Schmiergefäße der Achslager,
   – die Schmiergefäße der Tatzlager,
   – die Schmiergefäße der Kurzkupplungs-Stoßpuffer,
   – die Schmiergefäße der Drehzapfen bzw. Gleitstühle,
   – die Schmiergefäße der Motorabstützungen,
   – der Ölstand in der Luftpumpe, die ausschließlich mit »Voltolöl« geschmiert werden darf.
3. Die Isothermos-Achslager sind nach einer vom Betrieb festzusetzenden Zeit nachzufüllen bzw. mit neuem Öl zu versehen.

■ Trotz umfangreicher Aufrüstarbeiten scheint der Dienst auf der E 93 Spaß zu machen, zumindest deutet das freundliche Gesicht des fein gewandeten Herrn auf 193 004 im Jahr 1978 in Kornwestheim darauf hin. *Aufnahme: Otto Blaschke*

Betriebsanleitung

»Fertig machen zum nächsten Schubdienst«: Im März 1977 legt der Lokführer von 193 014 in Geislingen letzte Hand an, ehe es am Schluß eines schweren Güterzuges einmal mehr die Rampe hinauf geht. *Aufnahme: Burkhard Wollny*

4. Beim Abölen ist allgemein darauf zu achten, dass die Ölgefäße nicht bis an den Deckel heran gefüllt werden. Es muss vielmehr zwischen Ölspiegel und Deckel noch ein Luftraum verbleiben, da sonst der Saugdruck der Außenluft das Abfließen des Öles nach dem Lager verhindert. Ferner ist darauf zu achten, dass die Schmiernadeln in den Schmierdüsen vorhanden sind.
5. Die Führungen der Achslager sind vor Beginn jeder Fahrt zu schmieren. Auch sind von Zeit zu Zeit die Bremsteile, die Zug- und Stossvorrichtungen und die Bolzen der Federspannschrauben zu schmieren.
6. Der Ölstand des Zahnradschutzkastens ist zu kontrollieren, gegebenenfalls Öl nachzufüllen. Die Staufferbuchse der Welle für den Antrieb der Sicherheitsfahrschaltung ist mit Fett zu füllen.
7. Die Hähne der Luftbehälter, der Wasserabscheider und des Ölabscheiders müssen abgeschlossen sein.
8. Der Prüfumschalter muss auf »Strecke« stehen. Es ist nachzusehen, ob sämtliche erforderlichen Werkzeuge, Vorratsteile sowie die Feuerlöscher vorhanden und in Ordnung sind.

Behandlung der Lok bei Antritt der Fahrt

a) Unterspannungsetzung der Lokomotive

A. Im Hauptluftbehälter ist nicht genügend Druck zum Aufrichten der Stromabnehmer (4 atü) vorhanden:

1. Der Luftpumpeneinstellhebel des Bügeleinstellventils (fest aufgeschraubter, rechts liegender Griff) ist in die Stellung »Handpumpe« (Griff nach unten), der Bügeleinstellhebel (abnehmbarer, links liegender Knebelgriff) in die Stellung »Ein Bügel hoch« zu bringen, und zwar ist zweckmäßig der der Handpumpe zunächst gelegene Bügelzylinder anzuschließen, um möglichst wenig Leitung aufpumpen zu müssen.
2. Der abnehmbare Griff des Führerbügelventils (Führerhebel) ist in das bei der Fahrt zunächst zu benutzende Führerbügelventil einzusetzen und in Uhrzeigerrichtung nach Stellung »Bügel hoch« zu bewegen.
3. Mittels der Handpumpe ist der angeschlossene Bügel-Zylinder aufzupumpen. Nachdem sich der Führer durch Augenschein überzeugt hat, dass der Stromabnehmer am Fahrdraht anliegt, ist
4. der Ölschalter von Hand zu schließen und
5. die Motorluftpumpe durch Schließen des Pumpenschützes mittels des an diesem angebrachten Handgriffes anzustellen. Der Druck im Bügelzylinder ist durch weitere Betätigung der Handluftpumpe so lange aufrechtzuerhalten, bis im Hauptluftbehälter genügender Betriebsdruck (mindestens 4 atü) vorhanden ist. Alsdann ist
6. das Einstellventil auf »Motorpumpe« (rechts liegender Einstellgriff nach oben!) umzulegen. Sollten während der Fahrt beide Bügel am Fahrdraht liegen, was ohne besondere Weisung regelmäßig der Fall ist, so ist der Bügeleinstellhebel (abnehmbarer, linker Griff des Einstellventils) in die Stellung »Beide Bügel hoch« (Pfeil nach oben!) zu drehen.

B. Im Hauptluftbehälter ist bei Betriebsaufnahme genügender Druck (mindestens 4 atü) vorhanden:

1. Es ist festzustellen, ob der Bügeleinstellhebel (links liegender Knebelgriff) die richtige Lage einnimmt. Sollen beide Stromabnehmer aufgerichtet werden, so muss er so stehen, dass der Pfeil nach oben zeigt.
2. Der abnehmbare Griff des Führerbügelventils (Führerhebel) ist in das zu benutzende Führerbügelventil einzusetzen und in Uhrzeigerrichtung nach Stellung »Bügel hoch« zu bewegen. Nachdem sich der Führer durch Augenschein überzeugt hat, dass die Stromabnehmer am Fahrdraht anliegen, ist der Griff des Führerbügelventils weiter bis in Stellung »Ölschalter ein« zu drehen. Nach kurzem Anhalten in dieser Stellung bzw. nachdem der Ölschalter eingeschaltet hat, ist der Griff auf »Bügel hoch« zurückzudrehen. Das Einschalten des Ölschalters ist am Schauzeichen zweifelsfrei zu erkennen. Sodann ist die Motorluftpumpe durch Schließen des Handschalters anzustellen.

Es ist besonders darauf zu achten, dass der Ölschalter nur dann mit Druckluft, also mittels des Führerbügelventils eingeschaltet werden darf, wenn ein Druck im Hauptluftbehälter mindestens 5 atü beträgt. In allen übrigen Fällen ist der Ölschalter von Hand zu schließen.

b) Prüfung der Lokomotive

1. Hand- und Luftbremse sind einzeln anzuziehen bzw. anzustellen. Die Bremsklötze müssen alsdann fest an den Radreifen anliegen. Die Luftpumpe soll den Hauptluftbehälter in kurzer Zeit auffüllen, wobei der Druckregler bei 8 atü Druck den Motor in einwandfreier Weise ausschalten muss.

Vor Antritt der Fahrt muss in den Hauptluftbehältern mindestens ein Druck von 6 1/2 atü vorhanden sein.

2. Der Sandstreuer ist anzustellen. Hierbei muss Sand in ausreichender Menge auf die Schienen fallen. Auf einwandfreies Schließen der Sandstreuer nach erfolgter Betätigung ist besonders zu achten. Es ist nachzusehen, ob die Sandkästen mit trockenem, gesiebtem Sande genügend gefüllt sind.
3. Die Motoren der Lüfter sind durch Schließen des Handschalters auf ihren ordnungsmäßigen Zustand zu prüfen.
4. Die Beleuchtungsanlage und die Sicherheitsfahrschaltung sind auf ihren ordnungsmäßigen Zustand zu prüfen.

Betriebsanleitung

Kurz vor der Abfahrt: offenbar steht bei dem Güterzug im März 1977 in Lauda die Bremsprobe noch aus, daher schauen die beiden Eisenbahner angestrengt in Richtung Zugschluss. *Aufnahme: Burkhard Wollny*

Zeigen sich bei der Prüfung der Lokomotive Schäden, so ist dem Bw umgehend Meldung hiervon zu machen. Kann der Schaden vor Antritt der Fahrt nicht oder nur teilweise behoben werden, so ist Entscheidung darüber einzuholen, ob die Lokomotive als betriebsfähig anzusehen ist oder nicht.

c) Behandlung der Lokomotive während der Fahrt
1. Beim Anfahren ist darauf zu achten, dass die Bremsen der Lokomotive und des ganzen Zuges ordnungsmäßig gelöst sind und sich die Lokomotive nach Einschalten der Fahrmotoren unter normalen Bedingungen sofort in Bewegung setzt. Die Motoren müssen stets langsam und stufenweise eingeschaltet werden, wobei streng darauf zu achten ist, dass die zulässigen Stromstärken nicht überschritten werden. Beim Einschalten von der Stufe 0 auf die Fahrstufe 1 muss das Handrad am Fahrschalter langsam gedreht werden, um den Trennschützen, die kurz vor dem Erreichen der Stufe 1 Steuerstrom erhalten, Zeit zum richtigen Anspringen zu lassen. Zieht die Lokomotive beim Schalten auf höhere Stufen (3 und 4) nicht an, so dürfen die Motoren nicht eingeschaltet bleiben, da sonst Beschädigungen und Durchschläge an den Motoren eintreten.

Bei der Anfahrt und bei der Fahrt kann bis auf die Zugkräfte geschaltet werden, die auf dem Geschwindigkeitsmesser angegeben sind. Fährt

Betriebsanleitung

der Zug nicht an, so ist der Motor sofort wieder abzuschalten und die Bremse nochmals zu lösen.

Schleudert die Lokomotive, so ist die Steuerung um mehrere Stufen zurück- oder ganz auszuschalten, erst dann darf der Sandstreuer verwendet werden. Durch langsames Aufwärtsschalten, wobei bis 5 Sekunden für eine Stufe verwendet werden können, und wobei kurze Zeit auf der Mittelstellung der Feinreglerbürsten verweilt werden kann, wird Schleudern meist vermieden.

Das Umlegen des Fahrtwenderhebels, solange sich die Lokomotive in Bewegung befindet, ist verboten; der Versuch, die Lokomotive durch Schalten auf die andere Fahrtrichtung zu bremsen, führt zur Zerstörung der Fahrmotoren.

2. Während der Fahrt sind dauernd zu beobachten: Die Strommesser der Triebmotoren und der Geschwindigkeitsmesser. Die bei jeder Geschwindigkeit höchstzulässige Zugkraft je Motor, die am Geschwindigkeitsmesser angegeben ist, darf bei Fahrt niemals überschritten werden. Die zwei Stromzeiger der Triebmotorengruppen müssen stets etwa die gleiche Stromstärke bzw. Zugkraft anzeigen. Schleudern eines Motors zeigt sich durch Sinken seiner Zugkraft an.

Das Arbeiten des Druckreglers: Der Leitungsdruck darf nicht über 8 atü steigen und unter 6,5 atü sinken.

3. Beim Ausschalten wird der Fahrschalter solange zurückgedreht, bis die Zugkraft je Motorgruppe auf 2,5....6 t gesunken ist. Dann wird mittels des Auslöseknopfes ausgeschaltet, wodurch man eine überflüssige Beanspruchung der ersten Schalter vermeidet.

■ Nachdem alle Vorbereitungen abgeschlossen sind, stehen 193 013 und 193 002 fertig aufgerüstet und mit angehobenen Pantographen abfahrbereit im Betriebswerk Kornwestheim. *Aufnahme: Otto Blaschke*

4. Das Führerbügelventil verbleibt während der Fahrt mit hochgestellten Stromabnehmern in Stellung »Bügel hoch«.

Soll der Ölschalter ausgeschaltet werden, so wird der Griff entgegen dem Uhrzeigersinn in Stellung »Ölschalter aus« gedreht. In dieser Stellung darf er nur kurze Zeit belassen werden und ist nach kurzem Verweilen entweder zurück auf Stellung »Bügel nieder« oder auf »Bügel hoch« zu stellen, je nachdem die Stromabnehmer gesenkt werden sollen oder nicht.

Zum Wiedereinschalten ist der Griff des Führerbügelventiles von der Stellung »Bügel hoch« in die Stellung »Ölschalter ein« zu bringen, daselbst einen Augenblick zu belassen und nach Einschalten des Ölschalters wieder auf die Stellung »Bügel hoch« zurückzubewegen.

Sollen die Stromabnehmer niedergelegt werden, so ist der Griff über die Stellung »Ölschalter aus« auf »Bügel nieder« weiterzudrehen. Vom Niedergehen der Stromabnehmer hat sich der Führer zu überzeugen. Zum Wiederaufrichten der Stromabnehmer ist wie bei Betriebsbeginn zu verfahren.

5. Wechsel des Führerstandes und Weiterführen des Betriebes ohne längere Pause. Der Griff des Führerbügelventiles ist in Uhrzeigerrichtung über die Stellung »Ölschalter ein« nach Stellung »Abschluss« zu bewegen; dabei ist beim Übergang über die Zwischenstellung der Raststift des Griffes mittels des Knopfes zurückzuziehen. Die Stromabnehmer bleiben aufgerichtet, der Ölschalter bleibt eingeschaltet. Durch die Notwendigkeit, den Raststift zurückzuziehen, soll der Führer daran erinnert werdn, dass er sich nach Abziehen des Griffes vom Führerbügelventil sofort nach dem anderen Führerstand zu begeben, dort den Griff wieder aufzustecken und in die Betriebsstellung »Bügel hoch« zu bringen hat. (In der Abschlussstellung des Führerbügelventiles sind nämlich die Luftzylinder der Stromabnehmer abgesperrt. Infolge der unvermeidlichen Undichtigkeiten sinkt der Druck in den Luftzylinderrn, wodurch die Stromabnehmer schließlich zum Abfallen gebracht würden, ohne dass der Ölschalter ausgeschaltet ist. Um dieses zu vermeiden, ist so rasch als möglich durch eines der Führerventile die Verbindung der Luftzylinder mit den Luftbehältern wieder herzustellen.)

6. Störungen: In allen Gefahrfällen ist zunächst sofort der Ölschalter auszuschalten und sodann die Bremse in Tätigkeit zu setzen.

Beim Versagen des Führerbügelventiles zur Ölschalterauslösung ist der in **jedem Führerstande** befindliche **Handauslösehebel** zu verwenden.

Bei Störungen an der Lokomotive galten folgende Regeln: Der Führer hatte sich zunächst darauf zu beschränken, die Störungsursache ausfindig zu machen. Die Fortsetzung der Fahrt war zulässig, wenn:

1. die Entstehung größeren Schadens offensichtlich nicht zu erwarten war (Störungen in der Beleuchtungsanlage, der Führerstandsheizung und an den Messeinrichtungen),
2. der beschädigte Teil außer Betrieb gesetzt werden konnte (Ausfall eines Stromabnehmers, Ausfall eines Fahrmotors, Ausfall eines Hilfsmotors, Schaden in der Luftpumpe, Schaden im Druckregler, Schaden an der Sifa),
3. der Schaden durch den Führer selbst behoben werden konnte (Auswechseln von Sicherungen, Auswechseln von Bürstenkohlen, Auswechseln von Lampen, Herausnehmen hängengebliebener Trennschütze).

Die notwendige Herbeiholung einer Hilfslokomotive durfte durch den Versuch, die Störung zu beheben, nicht verzögert werden.

Betriebsanleitung

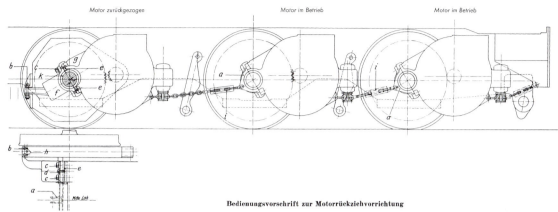

Motorrückziehvorrichtung

Bedienungsvorschrift zur Motorrückziehvorrichtung

1. Achsschutz „a" abnehmen.
2. Befestigungsschrauben „b" des Zahnräderkastens Tatzlagerseite lösen und herausnehmen.
3. Tatzlagerdeckelschrauben „c" ca. 30 mm herausschrauben.
4. Tatzenlagerdeckel „f" mit den Abdrückschrauben „d" abdrücken, Zwischenlagen „e" zwischen Deckel „f" und Gehäuse „g" legen und Tatzlagerschrauben „c" wieder fest anziehen.
5. Zahnräderkasten Tatzlagerseite mit den Schrauben „b" wieder festschrauben; benachbarte Durchgangslöcher „h" am Zahnräderkasten benutzen.
6. Motor mit dem Rückziehgestänge „i" abziehen, bis der Tatzlagerdeckel „f" wieder an der Lagerschale „k" anliegt.

■ **Ein interessantes Detail der E 93 ist die Motorrückziehvorrichtung, die die Wartungsarbeiten erleichtert.**
Abbildung: Sammlung Gerhard Rieger

Einsatzgeschichte

Versuchsfahrten

Mit den beiden erstgebauten E 93 führte man nach ihrer Anlieferung 1933 umfangreiche Messfahrten auf ihrer zukünftigen Stammstrecke Kornwestheim–Ulm durch. Ende November 1933 standen Leistungsmessfahrten zur Überprüfung der geforderten Anhängelasten über die Geislinger Steige auf dem Programm. Problemlos konnten von E 93 02 zwischen dem 25. und 27. November mit Schublok 1196 Tonnen über die Steige geschleppt werden. Am 28. November hängte man an den Versuchszug weitere Wagen an und steigerte die Zuglast inklusive beider Loks auf 1376 Tonnen. Geschoben von einer E 91 bewältigte die E 93 auch

■ Bis zum Sommerfahrplan 1983 kamen die 193 planmäßig auf der Remsbahn bis Schwäbisch Gmünd. Auf der Rückfahrt vom Remstal zum Güterbahnhof Untertürkheim rollt im Sommer 1978 ein kurzer Nahgüterzug mit 193 018 durch den Haltepunkt Stuttgart-Sommerrain.
Aufnahme: Jürgen Krantz

Einsatzgeschichte

Mit den ersten beiden Lokomotiven führte die Deutsche Reichsbahn im Herbst 1933 umfangreiche Messfahrten auf ihrer zukünftigen Stammstrecke Kornwestheim–Ulm durch. Kurz vor der Ablieferung posierte E 93 01 in voller Schönheit für den Werksfotografen.
Werkfoto: AEG, Archiv Adtranz

diesmal problemlos den Abschnitt Geislingen West–Amstetten. Damit stand fest, dass die E 93 das von ihr geforderte Leistungsprogramm anstandslos erfüllen konnte. Auch die neue Feinreglersteuerung bewährte sich ausgezeichnet und konnte das ihr anfänglich entgegengebrachte Misstrauen ausräumen.

Als krönender Abschluss dieser Versuchsreihen kam vom 2. bis 5. Dezember 1933 die schlesische E 95 06 zum direkten Vergleich auf die Geislinger Steige. Wie bei der Projektierung vorausgesagt war die E 93 der E 95 in fast allen Belangen ebenbürtig, obwohl letztere mit 20,9 m Länge und 138,5 Tonnen Dienstgewicht wie ein Riese neben der E 93 wirkte, die nur 17,7 m lang und 117,2 Tonnen schwer war. Ein kleiner Nachteil war nur die etwas stärkere Erwärmung der Fahrmotoren bei der E 93.

Am 22. und 23. April 1937 fanden mit der E 93 07 weitere Versuchsfahrten zwischen Kornwestheim und Ulm statt. Diesmal war zu prüfen, ob die Fahrgeschwindigkeit einiger Güterzüge über die Geislinger Steige von 55 auf 60 km/h angehoben werden könnte. Befördert wurde an beiden Tagen das Zugpaar Dg 7211/7204. Die Anhängelasten betrugen bei Dg 7211 nach Ulm am ersten Tag 1198 Tonnen und am zweiten Tag 1193 Tonnen. In der Gegenrichtung hatte die E 93 07 mit Dg 7204 1050 bzw. 1052 Tonnen am Haken. Als Schublok fungierte ausnahmsweise eine E 93, da die E 91 nur eine Höchstgeschwindigkeit von 55 km/h hatten. Im Ergebnis wurden keine unzulässigen Erwärmungen festgestellt, so dass ausgewählte Güterzüge nun mit 60 km/h über die Geislinger Steige rattern durften.

Die Weiterentwicklung und Leistungssteigerung von sechsachsigen Güterzugloks, deren Urahnin die E 93 ist, dokumentiert anschaulich der folgende Vergleich von Anhängelasten auf der Geislinger Steige (22,5 ‰):

Lok	Anhängelast ohne Schub	Anhängelast mit Schub
E 93	720 Tonnen	1200 Tonnen
E 94	960 Tonnen	1530 Tonnen
E 50	1180 Tonnen	1750 Tonnen

Einsätze in Mitteldeutschland

Nur kurz war die Karriere der E 93 in Mitteldeutschland. Die Erhöhung der Zugleistungen und -lasten während der Kriegsvorbereitungen Ende der dreissiger Jahre ließen auch bei den Reichsbahndirektionen in Mitteldeutschland den Wunsch nach einer leistungsfähigen Güterzuglok aufkommen. Im elektrifizierten mitteldeutschen Netz waren damals vorwiegend Ellok-Oldtimer aus Länderbahnzeiten sowie die unter Reichsbahnregie gebauten E 77 auf folgenden Strecken im Einsatz:

Strecke	elektrifiziert seit
Dessau–Bitterfeld	18.01.1911
Halle–Leipzig–Dessau–Zerbst	19.12.1922
Zerbst–Magdeburg	01.07.1923
Halle–Köthen–Magdeburg	07.10.1934

So entschloss sich die Reichsbahn kurzerhand zur Beschaffung einer vierten und letzten Serie der E 93. Einen Auftrag über 11 weitere Maschinen ließ die DRG im November 1937 zugunsten der Baureihe E 94 stornieren. Die fünf Loks der letzten Bauserie konnten zwischen Februar und Mai 1939 an die RBD Halle ausgeliefert werden. Drei davon erhielt das Bw Halle P, zwei nahmen ihren Dienst beim Bw Leipzig-Wahren auf. Inzwischen waren aber in Mitteldeutschland genügend neue E 44 auf die Schienen gestellt worden, die auch im Güterverkehr auf den dortigen Flachlandstrecken für ausreichende Zugkraft sorgten. Zur gleichen Zeit suchte die RBD München händeringend nach leistungsstarken Güterzugloks. So wurden kurzerhand ab April/Mai 1939 die E 93 14 bis 17 dem bayerischen Bw Rosenheim leihweise zur Verfügung gestellt. Dieses »leihweise« sollte sich aber relativ schnell zum Dauerzustand ausweiten, denn keine Maschine kehrte nach Mitteldeutschland zurück.

Nur die E 93 18 verblieb zunächst in diesen Gefilden. Nach erfolgreicher Abnahmefahrt zwischen Dessau und Bitterfeld am 17. Mai 1939 nahm die Maschine beim Bw Halle P ihren Dienst auf. Offensichtlich konnte man dort mit der Lok wenig anfangen, denn bis zum 1. April 1940 legte sie müde 64.265 km zurück. Das entspricht einer durchschnittlichen Monatslaufleistung von knapp 6.000 km und war im Vergleich zu ihren süddeutschen Schwestern überaus dürftig. So kam es wie es kommen musste: Am 24. Mai 1940 wurde sie nach Kornwestheim auf die Reise geschickt, um dort ihrem Leistungsvermögen entsprechend eingesetzt werden zu können.

Einsätze in Bayern

Im Zuge der forcierten Aufrüstung des Dritten Reiches kam dem 1938 errichten Stahl- und Hüttenwerkskomplex in Linz, den Hermann-Göring-Werken, erhebliche Bedeutung zu. Dort wurde das in der Steiermark gewonnene Eisenerz weiterverarbeitet. Für die schweren Kohlen- und Erzzüge suchte das Bw Rosenheim in der Folge händeringend nach geeigneten Güterzugloks. So traf es sich ausgezeichnet, dass die in Mitteldeutschland neu angelieferten E 93 für die dortigen Verhältnisse überdimensioniert waren. Ab Mai 1939 zogen vier E 93 die

Stationierungen
Bw Halle P

Betriebsnr.	Herkunft	von	bis	Verbleib
E 93 014	Anlieferung	11.02.39	02.12.41	Bw Kornwestheim (ab 05.04.39 leihw. Bw Rosenheim)
E 93 015	Anlieferung	07.02.39	23.01.42	Bw Kornwestheim (ab 17.04.39 leihw. Bw Rosenheim)
E 93 018	Anlieferung	17.05.39	25.05.40	Bw Kornwestheim

Bw Leipzig-Wahren

Betriebsnr.	Herkunft	von	bis	Verbleib
E 93 016	Anlieferung	11.03.39	19.03.42	Bw Kornwestheim (ab 06.05.39 leihw. Bw Rosenheim)
E 93 017	Anlieferung	05.04.39	12.07.41	Bw Rosenheim (schon ab 11.05.39 leihw. Bw Rosenheim)

Betriebsbuch

für die Lokomotive / ~~den Triebwagen~~ für Wechselstrom 16 2/3 Hz / ~~Gleichstrom~~

Stammnummer: E 93   Ordnungsnummer: E 93 07

Achsfolge: Co Co

Gattungszeichen: E 93

Fabriknummer: 4961

Hersteller des
mechanischen / ~~wagenbaulichen~~ Teiles: AEG Berlin

elektrischen Teiles: AEG Berlin

Baujahr: 1936/37

Tag der Anlieferung: 6.3.37

Beginn der Gewährleistung: 26.5.37

Ende der Gewährleistung: 26.5.38

Beschaffungsstelle: RZA München

Vertrag-Nr:
Mechanischer / Wagenbaulicher Teil: _____ vom _____

Elektrischer Teil: _____ vom _____

Beschaffungspreis:
Mechanischer / ~~Wagenbaulicher~~ Teil: 109 050 RM

Elektrischer Teil: 282 166 RM

Insgesamt: 392 336 RM

■ E 93 07 wurde am 6.3.1937 abgeliefert, am 22. und 23. April desselben Jahres wurden mit ihr Probefahrten über die Geislinger Steige durchgeführt, um zu prüfen, ob die Geschwindigkeit einiger Güterzüge angehoben werden könnte.
Dass Lokomotiven schon damals nicht ganz billig waren, beweist der Betriebsbuchauszug, der als Beschaffungspreis die stolze Summe von 392.336,- Reichsmark ausweist. *Abbildung: IG E 93 07*

Einsatzgeschichte

Stationierungen
Bw Rosenheim

Betriebsnr.	Herkunft	von	bis	Verbleib
E 93 014	leihw. vom Bw Halle P	05.04.39	02.12.41	Bw Kornwestheim
E 93 015	leihw. vom Bw Halle P	17.04.39	23.01.42	Bw Kornwestheim
E 93 016	leihw. vom Bw Leipzig-Wahren	06.05.39	19.03.42	Bw Kornwestheim
E 93 017	bis 15.06.41 leihw. vom Bw Leipzig-Wahren	11.05.39	07.05.42	Bw Kornwestheim

Ausbesserungen im RAW Innsbruck (*Betriebsabteilung Bludenz)

Betriebsnr.	Schadgruppe	von	bis
E 93 02	E4	19.04.43	21.05.43
E 93 04	E3	43	43
E 93 05	E3	08.09.43	11.10.43
E 93 06	E2	07.09.43	24.09.43
E 93 09	E3 (*)	19.10.44	15.11.44
E 93 010	E2	25.10.43	15.11.43
	E4	06.11.44	30.11.44
E 93 011	E2	22.06.43	14.07.43
	E4	25.08.44	30.09.44
E 93 013	E3 (*)	06.11.44	29.12.44
E 93 016	E2	18.07.41	13.08.41
	E3	11.05.42	21.06.42
E 93 017	E2	16.06.41	12.07.41
E 93 018	E3	13.08.43	31.08.43

schweren Güterzüge zwischen Rosenheim und Attnang-Puchheim, dort endete der Fahrdraht auf der Westbahn. Vereinzelt liefen die Krokodile auch auf der Strecke Rosenheim–Kufstein–Innsbruck.

Bis Dezember 1941 dominierten ausschließlich die E 93 diese kriegswichtigen Transporte, die ersten beiden E 94 standen erst ab diesem Monat dem Bw Rosenheim zur Verfügung. Entsprechend der weiteren Anlieferung der großen Schwestern wurden die E 93 überflüssig. Bis Mai 1942 hatten alle Maschinen das bayerische Zwischenspiel beendet und eine neue Heimat beim Bw Kornwestheim gefunden.

Auch E 93 02 kam direkt nach ihrer Fertigstellung in den Versuchsdienst nach Württemberg, zuvor jedoch wurde auch sie im Werksgelände porträtiert. *Werkfoto: AEG, Archiv Adtranz*

Einsatzgeschichte

Planmäßig fuhren die E 93 während ihrer bayerischen Zeit weder zum Brenner noch über den Arlberg. Wie viele andere Elloks süddeutscher Bahnbetriebswerke erhielten aber auch sie während der Kriegszeit bei Überlastung des RAW München-Freimann Fristausbesserungen im »ostmärkischen« RAW Innsbruck. Auch die Betriebsabteilung Bludenz des RAW Innsbruck musste sich mit den kleineren deutschen Krokodilen befassen. Im Rahmen von Probe- und Überführungsfahrten konnten die E 93 somit durchaus auf Arlberg- und Brennerstrecke gesichtet werden.

Dampfloks (BR 95, preuß. T 20) bewältigt worden war.

Erst im Sommer 1933 kamen mit Auslieferung der E 93 01 und 02 die eigentlichen Herrscherinnen der Geislinger Steige zum Zuge, die zunächst

Stationierungen

Bw Geislingen

Betriebsnr.	Herkunft	von	bis	Verbleib
E 93 01	Bw Kornwestheim	06.05.42	31.08.58	Bw Kornwestheim
E 93 02	Bw Kornwestheim	06.05.42	09.09.58	Bw Kornwestheim
E 93 03	Bw Kornwestheim	06.05.42	27.09.58	Bw Kornwestheim
E 93 04	Bw Kornwestheim	06.05.42	22.05.45	Bw Ulm
	Bw Ulm	25.10.47	29.01.48	Bw Ulm
	Bw Ulm	08.05.48	30.12.48	Bw Ulm
	Bw Ulm	18.05.50	18.06.58	Bw Kornwestheim
E 93 05	Bw Ulm	01.01.52	16.02.52	Bw Kornwestheim

Bw Kornwestheim

Betriebsnr.	Herkunft	von	bis	Verbleib
E 93 01	Neulieferung	14.07.33	05.05.42	Bw Geislingen
	Bw Geislingen	01.09.58	13.07.77	z, + 27.10.77
E 93 02	Neulieferung	16.08.33	05.05.42	Bw Geislingen
	Bw Geislingen	10.09.58	03.05.83	z, + 30.11.83
E 93 03	Neulieferung	20.10.35	05.05.42	Bw Geislingen
	Bw Geislingen	28.09.58	03.03.82	z, + 29.04.82
E 93 04	Neulieferung	09.11.35	05.05.42	Bw Geislingen
	Bw Geislingen	19.06.58	03.06.84	z, + 31.01.85
E 93 05	Neulieferung	05.02.37	11.10.42	Bw Ulm
	Bw Geislingen	17.02.52	08.09.77	z, + 24.11.77
E 93 06	Neulieferung	05.02.37	08.08.42	Bw Ulm
	Bw Ulm	21.03.51	03.06.84	z, + 31.01.85
E 93 07	Neulieferung	06.03.37	03.38	Bw Ulm
	Bw Ulm	17.05.51	15.02.77	z, + 30.06.77
E 93 08	Bw Ulm	18.03.51	10.02.84	z, + 31.05.84
E 93 09	Neulieferung	07.04.37	06.03.43	Bw Ulm
	Bw Ulm	18.03.51	19.08.77	z, + 24.11.77
E 93 010	Neulieferung	06.05.37	07.02.46	Bw Ulm
	Bw Ulm	29.03.51	23.09.76	z, + 27.01.77
E 93 011	Neulieferung	03.06.37	07.09.45	Bw Ulm
	Bw Ulm	15.03.51	03.07.80	z, + 27.11.80
E 93 012	Neulieferung	24.06.37	16.05.44	Bw Ulm
	Bw Ulm	24.05.51	11.05.84	z, + 31.08.84
E 93 013	Neulieferung	16.08.37	23.11.43	Bw Ulm
	Bw Ulm	15.03.51	16.08.83	z, + 30.11.83
E 93 014	Bw Halle P	03.12.41	03.02.44	Bw Ulm
	Bw Ulm	08.05.51	31.05.84	+
E 93 015	Bw Halle P	24.01.42	30.03.46	Bw Ulm
	Bw Ulm	24.05.51	14.01.77	z, + 28.04.77
E 93 016	Bw Leipzig-Wahren	20.03.42	30.09.49	Bw Ulm
	Bw Ulm	23.05.51	07.04.84	z, + 31.08.84
E 93 017	Bw Rosenheim	08.05.42	19.08.46	Bw Ulm
	Bw Ulm	15.07.51	16.03.77	z, + 30.06.77
E 93 018	Bw Halle P	25.05.40	22.03.46	Bw Ulm
	Bw Ulm	09.02.49	13.01.82	z, + 29.04.82

Einsätze in Baden-Württemberg

Die Einsätze in Mitteldeutschland und in Bayern waren nie mehr als ein Gastspiel. Die eigentliche Heimat der E 93 war Württemberg und hier insbesondere die Strecke Stuttgart/Kornwestheim–Ulm. Gerade einmal drei Betriebswerke in Württemberg beheimateten im Laufe eines halben Jahrhunderts die Maschinen, nämlich die Bw Geislingen, Ulm und Kornwestheim.

Die Vorkriegszeit

Nach der Elektrifizierung der Strecke Kornwestheim–Ulm (–Augsburg) standen der RBD Stuttgart für den schweren Güterverkehr sowie für den Schubdienst auf der Geislinger Steige zunächst nur die Stangenelloks der Baureihe E 91 zur Verfügung. Diese waren mit Aufnahme des elektrischen Betriebes 1933 von Bayern und Schlesien in die schwäbischen Bahnbetriebswerke Kornwestheim und Ulm versetzt worden. Sie übernahmen zunächst auch den Schubdienst auf der Geislinger Steige, der bis dahin von

Einsatzgeschichte

Bw Ulm

Betriebsnr.	Herkunft	von	bis	Verbleib
E 93 03	Bw Geislingen (leihw.)	47	25.03.48	Bw Geislingen
E 93 04	Bw Geislingen	23.05.45	24.10.47	Bw Geislingen
	Bw Geislingen	30.01.48	07.05.48	Bw Geislingen
	Bw Geislingen	31.12.48	17.05.50	Bw Geislingen
E 93 05	Bw Kornwestheim	12.10.42	16.02.52	Bw Kornwestheim
E 93 06	Bw Kornwestheim	09.08.42	20.03.51	Bw Kornwestheim
E 93 07	Bw Kornwestheim	03.38	16.05.51	Bw Kornwestheim
E 93 08	Neulieferung	01.12.37	17.03.51	Bw Kornwestheim
E 93 09	Bw Kornwestheim	07.03.43	17.03.51	Bw Kornwestheim
E 93 010	Bw Kornwestheim	08.02.46	28.03.51	Bw Kornwestheim
E 93 011	Bw Kornwestheim	08.09.45	14.03.51	Bw Kornwestheim
E 93 012	Bw Kornwestheim	17.05.44	23.05.51	Bw Kornwestheim
E 93 013	Bw Kornwestheim	24.11.43	14.03.51	Bw Kornwestheim
E 93 014	Bw Kornwestheim	04.02.44	07.05.51	Bw Kornwestheim
E 93 015	Bw Kornwestheim	31.03.46	23.05.51	Bw Kornwestheim
E 93 016	Bw Kornwestheim	01.10.49	22.05.51	Bw Kornwestheim
E 93 017	Bw Kornwestheim	20.08.46	14.07.51	Bw Kornwestheim
E 93 018	Bw Kornwestheim	23.03.46	08.02.49	Bw Kornwestheim

gemeinsam mit den E 91 eingesetzt wurden. Mit schweren Güterzügen brummten beide Maschinen zwischen Kornwestheim und Ulm. Theoretisch wären auch Langläufe zwischen Kornwestheim und München möglich gewesen. In der Praxis aber wurde in Ulm meistens umgespannt, da zu jener Zeit jede Lok von ihrem Stammpersonal gefahren wurde. 1935 folgten die nächsten beiden E 93, so dass auf die Krokodile langsam aber stetig mehr Leistungen von den schwächeren und langsameren E 91 übergingen.

Da ab 1935 das Güterverkehrsaufkommen wieder deutlich zunahm, entschloss sich die Reichsbahn neun weitere E 93 bei AEG zu bestellen. Der Vertrag vom 1. Oktober 1935 sah bei diesen Loks eine Anhebung der Höchstgeschwindigkeit auf 70 km/h vor, die durch eine geringe Modifikation der Fahrmotoren erreicht wurde. Zwischen Februar und Dezember 1937 rollten acht der bestellten Loks beim Bw Kornwestheim an, und vervollständigten das Kro-

Derselbe Zug hat soeben Plochingen verlassen und rollt nun in Richtung Reutlingen. Unterhalb des Kirchturms ist schwach das Ende der Wagenschlange zu erkennen. *Aufnahme: Rbd Stuttgart, Sammlung Gerhard Rieger*

Einsatzgeschichte

■ Im Februar 1937 kam E 93 05 auf die Gleise. Ihre Abnahmefahrt absolvierte die Maschine auf der Strecke Plochingen–Tübingen. Vor einem endlos langen Güterzug rollt die hochglänzende Lok neckaraufwärts.
Aufnahme: Rbd Stuttgart, Sammlung Gerhard Rieger

kodil-Dutzend. Als einzige der neuen Maschinen wurde die E 93 08 nach ihrer Anlieferung beim Bw Ulm stationiert, welches damit erstmals Heimat der schweren Güterzugloks wurde. Verstärkung erhielt das Bw Ulm im März 1938 durch die E 93 07.

Die erste Blütezeit der E 93 hatte begonnen. Zwischen Ulm und Kornwestheim gehörten die Loks zum ständigen Erscheinungsbild im Güterzugdienst, monatliche Laufleistungen von rund 9.000 km waren die Regel. Vereinzelt waren sie auch vor Personenzügen anzutreffen. Auf der ab 7. Oktober 1934 elektrisch betriebenen Strecke Plochingen–Tübingen sowie in bayerische Gefilde waren ebenfalls Einsätze zu vermelden.

Einen bemerkenswerten Zuwachs brachte ab Sommer 1937 der Erzverkehr: Im Rahmen der im Dritten Reich forcierten Autarkiebestrebungen wurde im Juni 1937 bei Geislingen-Altenstadt der seit Mitte des 19. Jahrhunderts ruhende Abbau der Doggererze unter Regie der Gutehoffnungshütte wieder aufgenommen. Zwischen Geislingen-Altenstadt und Bad Überkingen wurde der neue Verladebahnhof Staufenstolln angelegt. Dort konnte das am Michelsberg in der Erzgrube Karl gewonnene Erz verladen werden. Die Erzzüge nahmen dann ihren Weg über die Teilstrecke der Nebenbahn Geislingen–Wiesensteig zum hochgelegenen Bahnhof Geislingen. Zwischen den Bahnhöfen Geislingen-Altenstadt und Geislingen musste dabei eine Steilrampe mit bis zu 28 Promille bewältigt werden. Daher wurde im Sommer 1937 dieser Abschnitt der Wiesensteiger Nebenbahn sowie der Bahnhof Staufenstolln mit Fahrdraht überspannt.

Einsatzgeschichte

Im August 1937 war E 93 08 eines der Ausstellungsobjekte auf der Ausstellung »Schaffendes Volk« in Düsseldorf. Die im Vordergrund dampfende Liliputbahn ermöglicht einen interessanten Größenvergleich zwischen der großen Güterzuglok und der auf 381 mm breiten Gleisen fahrenden Dampflok. *Aufnahme: Bellingrodt, Sammlung Kleine*

Kriegszeit und Konkurrenz

Bis zum Beginn des Zweiten Weltkriegs änderte sich am Einsatz der E 93 wenig. Unmittelbar nach Kriegsausbruch am 1. September 1939 erging die Anordnung, den gesamten elektrischen Betrieb aus Furcht vor gegnerischen Luftangriffen auf Dampfbetrieb umzustellen. Wie sich jedoch bald herausstellte, war diese Befürchtung (vorerst) unbegründet, so dass ab Ende September auch die E 93 ihre gewohnten Dienste wieder aufnehmen konnten.

Der für die Rüstungsproduktion äußerst wichtige Erzverkehr erforderte alsbald weitreichende Ausbaumaßnahmen. Zum einen sollte der Bahnhof Geislingen vom Erzverkehr entlastet werden, zum anderen die Steilrampe vermieden werden. Bei Kriegsausbruch waren die Bauarbeiten für einen neuen Kehrbahnhof im Eybachtal in vollem Gange.

Drei kurze Verbindungsstrecken stellten die Anbindung aus allen Richtungen sicher. Von Anfang an für elektrischen Betrieb vorgesehen konnten am 6. Oktober 1940 die mit Fahrdraht überspannten Neubaustrecken von insgesamt 4,4 km Länge in Betrieb genommen werden. Dies vereinfachte die Abfuhr der Erzzüge ins Ruhrgebiet ungemein. Der Betrieb ging nun wie folgt vonstatten: Vom Verladebahnhof Staufenstolln aus fuhr ein beladener Erzzug zunächst in den Kehrbahnhof Eybtal. An der Spitze zog eine E 91, am Zugschluss schob eine E 93. Dort wechselte der Zug die Fahrtrichtung, die E 93 war nun Zuglok. Über die Verbindungskurve schob die E 91 bis zum Bahnhof Geislingen West noch nach und blieb dann dort zurück. Die E 93 mit ihrem schweren Erzzug brummte über die württembergische Magistrale Richtung Stuttgart davon. Genauso war es natürlich möglich, über eine zweite Verbindung vom Kehrbahnhof in den Bahnhof Geislingen und weiter Richtung Ulm zu gelangen.

Aus der Zeit nach der Eröffnung des Kehrbahnhofs ist die Abfertigung der folgenden Züge bekannt:

	Zugnummer	Zahl der Achsen	Gewicht in t
Erzzüge	Dg 6665	84	1.100
	Dg 6669 (bei Bedarf)	84	1.100
	Dg 6671	100 (Talbotwagen)	1.500
	Dg 6675	84	1.100
Leerzüge	Dg 27975	100 (Talbotwagen)	
	Ng 8260	120	
	Lg 10182	120	
	Ng 8282 (bei Bedarf)	120	

Schon im vorletzten Kriegsjahr 1944 wurde die Führung der Erzzüge über den Kehrbahnhof wieder aufgegeben, Wie in der Vorkriegszeit nahm der Erzverkehr wieder seinen Weg über die Wiesensteiger Nebenbahn zum Bahnhof Geislingen. Der Kehrbahnhof diente noch kurze Zeit vorwiegend zum Abstellen von Güterwagen. Nach Kriegsende wurden die Anlagen bis auf einen kläglichen Rest abgebaut.

Bis zum Eintreffen der ersten beiden E 94 im April/Mai 1942 beim Bw Kornwestheim dominierten die E 93 souverän den Güterverkehr zwischen der schwäbischen Metropole und Ulm. Dann jedoch begann ihr Stern schon wieder zu sinken, denn die stärkeren und schnelleren E 94 mit ihrer Höchstgeschwindigkeit von 90 km/h wurden natürlich bevorzugt eingesetzt. Im Mai 1942 wechselten die »langsamen« E 93 01 bis 04 zum Bw Geislingen, um dort die E 91 im Schubdienst zu ergänzen und trugen so zur Erhöhung der Beförderungslasten über die Geislinger Steige bei. Zwei weitere E 94 folgten im Sommer 1942. Daraufhin wechselten E 93 05 und 06 zum Bw Ulm. Bis März 1944 erhöhte sich der Kornwestheimer E 94-Bestand auf vierzehn Maschinen. Dies hatte weitere Abgänge der E 93 zur Folge und so verließen bis Mai 1944 die E 93 09, 12, 13 und 14 Kornwestheim in Richtung Ulm. Als neue Hochburg beheimatete das Bw Ulm zu diesem Zeitpunkt die Hälfte des Bestandes, vier E 93 standen dem Bw Geislingen zur Verfügung und vier waren in Kornwestheim geblieben. Am Einsatz änderten diese Umbeheimatungen nur wenig, die Loks waren im wesentlichen auf den elektrifizierten Strecken der RBD Stuttgart zu finden. Erst gegen Kriegsende, als die Bespannung von Zügen mehr und mehr vom Zufall diktiert wurde, sah man die E 93 auch häufiger auf der Strecke nach Augsburg und München.

Mit zunehmender Dauer des Zweiten Weltkriegs und dem Näherrücken der Fronten kamen die elektrifizierten württembergischen Strecken und damit auch die E 93 zusehends unter Beschuss. Zunächst standen Bomberangriffe auf strategische Ziele (Waffenindustrie, Treibstoffversorgung etc.) im Vordergrund. Einen ersten Vorgeschmack bot am 22. November 1942 der große Luftangriff auf Stuttgart, bei dem der Hauptbahnhof erheblich in Mitleidenschaft gezogen wurde. Ab 1944 begannen die Alliierten im Rahmen taktischer und strategischer Offensiven, sich vermehrt die Verkehrsinfrastruktur als Ziel zu nehmen. Damit sollte der Nachschub an die Front erschwert werden. Das Schienennetz bekam nun ebenfalls das volle Ausmaß des Krieges zu spüren. Im Herbst 1944 begann die Operation »Clarion«, welche das deutsche Verkehrsnetz zerschlagen sollte. Über 9000 Flugzeuge der 8. und 9. US-Luftflotten sowie der taktischen Luftflotte der Royal Air Force stürzten sich auf Bahnanlagen und Rollmaterial. Erstaunlicherweise blieben die E 93 bis Anfang 1945 von Kriegsschäden verschont. Doch nun erreichten die Zerstörungen ihren Höhepunkt. Nicht nur die Bombenangriffe auf Bahnhöfe und Bahnbetriebswerke häuften sich, sondern auch die Züge auf den Strecken gerieten ins Visier der Jäger und Jagdbomber, die den vorrückenden alliierten Truppen den Weg freischossen.

Auch für die E 93 ging es nun nicht mehr ohne Blessuren ab: Als Erste musste im Januar 1945 die Ulmer E 93 09 nach Bombentreffer abgestellt werden. Tieflieger nahmen sich am 20. Februar die E 93 12 vor: Um 13:57 Uhr entdeckten zwei feindliche Flugzeuge auf der Geislinger Steige den Zug A 64627, der auf dem Richtungsgleis Ulm–Stuttgart bei km 63,6 gehalten hatte. Aus rund 150 m

Einsatzgeschichte

Lok	Bw	letzte Einsätze im Krieg	Zustand 05/1945	Zustand nach Kriegsende
E 93 01	Geislingen	04/45	betriebsfähig	06/45 11 Tage im Dienst
E 93 02	Geislingen	04/45 16 Tage im Dienst, Bombentreffer am 17.04.45	Kriegsschaden	bis 08/45 abgestellt, ab 09/45 RAW Esslingen »Z«, E3 02.06.46 - 07.03.47
E 93 03	Geislingen	04/45	betriebsfähig	06/45 im Dienst
E 93 04	Geislingen	04/45	betriebsfähig	23.04.45 an Bw Ulm, 06/45 im Dienst
E 93 05	Ulm	02/45 20 Tage im Dienst, Bombentreffer Ende 02.45	Kriegsschaden	RAW Esslingen E2 01.03.45 - 21.01.46
E 93 06	Ulm	03/45 2 Tage im Dienst, Bombentreffer 03./04.03.45	Kriegsschaden	bis 19.06.50 RAW Esslingen »Z«, E4 20.06.50 - 20.09.50
E 93 07	Ulm	02/45 27 Tage im Dienst, Fliegerbeschuss 03.03.45	Kriegsschaden	04.03.45 - 07.45 RAW Esslingen »Z«, E0 07.45 - 31.09.45
E 93 08	Ulm	03/45 22 Tage im Dienst, Fliegerbeschuss	Kriegsschaden	bis 05.45 in Ulm abgestellt, RAW Esslingen E0 22.05.45 - 14.06.45
E 93 09	Ulm	01/45, Bombentreffer	Kriegsschaden	bis 11.45 in Ulm abgestellt, RAW Freimann E0 11.45 - 12.12.45
E 93 10	Kornwestheim	02/45 22 Tage im Dienst, Bombentreffer am 23.04.45	Kriegsschaden	bis 12/45 »Z« abgestellt in Kornwestheim, RAW Esslingen E0 12.45 - 07.02.46, dann Bw Ulm
E 93 11	Kornwestheim	04/45 4 Tage im Dienst (500 km Laufleistung)	betriebsfähig	06/45 im Dienst
E 93 12	Ulm	02/45, Fliegerbeschuss 20.02.45, dann ausgebrannt nach Bombentreffer	Kriegsschaden	03.45 - 13.06.50 RAW Esslingen »Z«, EAW Freimann/PAW Krauss-Maffei E4 14.06.50 - 18.05.51
E 93 13	Ulm	04/45, Fliegerbeschuss	Kriegsschaden	06.04.45 - 11.06.45 RAW Esslingen »Z«, E0 12.06.45 - 22.06.45
E 93 14	Ulm	04/45	betriebsfähig	06/45 im Dienst
E 93 15	Kornwestheim	04/45	abgestellt	07/45 im Dienst
E 93 16	Kornwestheim	04/45	betriebsfähig	06/45 im Dienst
E 93 17	Kornwestheim	03/45, Fliegerbeschuss am 16.03.45	Kriegsschaden	04.45 - 15.03.46 RAW Esslingen »Z«, E2 16.03.46 - 04.06.46
E 93 18	Kornwestheim	02/45 22 Tage im Dienst, Bombentreffer 23.04.45	Kriegsschaden	bis 31.07.45 »Z« abgestellt in Kornwestheim, dann bis 14.02.46 »Z« abgestellt in Ulm Ost, RAW Esslingen E0 15.02.46 - 22.03.46, dann Bw Ulm

Höhe wurden aus den Bordwaffen zwei Salven auf die Ulmer E 93 12 abgegeben. Ein Isolatorbruch am Stromabnehmer, fünf Streifschüsse und ein Durchschuss waren die Bilanz. Die Lok konnte zwar ihren aus sieben Wagen bestehenden Zug daraufhin noch nach Geislingen retten, gab dann aber bei der Fahrt ins Bahnbetriebswerk ihren Geist auf und musste abgestellt werden. Einige Tage später gab ihr ein weiterer Bombenangriff den Rest, sie brannte aus. Beim Angriff der 8. US-Luftflotte auf das Bw Kornwestheim am 23. Februar 1945 erwischte es die E 93 10 und 18. Fliegerbomben sorgten Ende Februar 1945 auch bei E 93 05 für das Aus. Einen Luftangriff auf den Bahnhof Westerstetten am 3./4. März 1945 überlebte die E 93 06 nicht und blieb als vollständig ausgebranntes Wrack zurück. Ein ähnliches Schicksal ereilte am 17. April 1945 die E 93 02, welche nach einem Luftangriff Feuer fing. Dabei wurden der vordere Führerstand sowie der mittlere Aufbau zerstört. Leichte Beschussschäden durch Tieffleger stellten bis April 1945 weiterhin die E 93 07, 08, 13 und 17 aufs Abstellgleis.

Trotz der vielfältigen Zerstörungen konnte der elektrische Betrieb zwischen Kornwestheim und Ulm mit viel Mühe und Improvisation bis April 1945 aufrecht erhalten werden. Bei diversen Bahnhöfen waren nur noch die Durchgangsgleise mit Fahrdraht überspannt. Teilweise mussten auch Oberleitungslücken mit Schwung passiert werden.

Am 21. April 1945 war der Krieg im Raum Geislingen zu Ende, die Amerikaner rückten ein. Gleisanlagen und Fahrleitung waren weitgehend intakt, der Bahnbetrieb ruhte allerdings bis Anfang Mai.

Einsatzgeschichte

Am 22. April 1945 standen sich in Stuttgart am Neckarufer französische und amerikanische Truppen gegenüber und der Eisenbahnbetrieb kam auch hier zum Erliegen. Zudem hatten deutsche Pioniere kurz vor der Kapitulation aufgrund des von Hitler erlassenen Befehls der »verbrannten Erde« die wichtigsten Eisenbahnbrücken im Großraum Stuttgart gesprengt. Der große König-Wilhelm-Viadukt an der Güterbahn bei Stuttgart-Münster war nicht mehr befahrbar und Kornwestheim damit vom elektrifizierten Netz völlig abgeschnitten.

Am 23. April 1945 verließen die Ulmer Eisenbahner ihren Bahnhof, der am 19. April weitgehend in Schutt und Asche gelegt worden war, und setzten sich befehlsgemäß nach Laupheim ab. Am 25. April rückten in Ulm die Amerikaner ein.

Lediglich sieben E 93 waren bei Kriegsende noch mehr oder weniger betriebsfähig. Den Status der einzelnen Maschinen zeigt die Tabelle auf Seite 58.

Schneller Wiederaufbau und neue Blüte

Vordringlichstes Ziel der amerikanischen Besatzungstruppen nach der Kapitulation war es, den Eisenbahnbetrieb auf Strecken mit strategischer Bedeutung zur Sicherung ihrer Militärtransporte wiederaufzunehmen. Als erstes wurde Anfang Mai 1945 von amerikanischen Pioniertruppen der gesprengte König-Wilhelm-Viadukt an der Güterbahn bei Stuttgart-Münster als eingleisige Behelfsbrücke wiederhergestellt, um den Verkehr auf der Hauptbahn von Bretten über Kornwestheim–Untertürkheim nach Ulm und weiter nach Augsburg in Gang zu bringen. Ab 15. Juni 1945 war die Strecke Kornwestheim–München wieder durchgehend befahrbar.

Aufgrund der nach Kriegsende völlig unzureichenden Kohleversorgung kam dem elektrischen Betrieb in Süddeutschland eine besondere Bedeutung zu. Er war von der Kohleförderung unabhängig, denn das elektrische Netz wurde vom bayerischen Walchenseekraftwerk gespeist. Konnten die betriebsfähigen Dampfloks in den ersten Nachkriegsmonaten infolge der angespannten Kohlenlage oftmals gar nicht eingesetzt werden, standen die Elloks umso mehr im Stress. Dies galt vor allem

Wenige Tage vor Kriegsende legte ein Bombentreffer am 23. April 1945 die E 93 10 lahm. Erst im Februar 1946 kam die Maschine nach einer Aufarbeitung im RAW Eßlingen wieder in Fahrt, das Foto zeigt sie nach ihrer Aufarbeitung in den ersten Nachkriegsjahren im Bw Kornwestheim.
Aufnahme: Sammlung Burkhard Wollny

für die schweren Güterzuglokomotiven wie die E 93 und die E 94, welchen bei der Versorgung der Bevölkerung aufgrund ihrer Leistungsfähigkeit eine besondere Rolle zukam und die natürlich die Hauptlast des schweren Güterverkehrs trugen.

Die Reparatur der Oberleitungsanlagen (meist Seilrisse und Mastbrüche) war relativ schnell vonstatten gegangen, ungleich schwieriger war dies bei der großen Zahl beschädigter Lokomotiven. Insgesamt betrug der Schadlokbestand bei Kriegsende rund 50 Prozent, bei den E 93 war sogar weit mehr als die Hälfte nicht mehr einsatzfähig. Bei Kriegsende waren gerade einmal sieben E 93 mehr oder weniger betriebsfähig. Doch noch 1945/46 kam die Mehrzahl der Maschinen wieder in Gang. Mit

Mit einem Ganzzug aus Talbot-Selbstentladewagen hat E 93 17 die Geislinger Steige beinahe bezwungen, als sie um 1950 kurz vor dem Bahnhof Amstetten am Fotografen vorbeifährt. *Aufnahme: Bellingrodt, Sammlung Kleine*

E 93 04, 08, 13 und 14 standen Ende Juni 1945 vier Loks dem Bw Ulm zur Verfügung. In Kornwestheim tummelten sich zur gleichen Zeit die E 93 11, 15 und 16. Geislingen setzte die E 93 01 und 03 ein, wobei erstgenannte im Juni schon mit 11 Betriebstagen erfasst wurde. Nun sah man zunächst die betriebsfähigen E 93 vor allen Zuggattungen, da jede Lok gebraucht wurde.

Ein Jahr später, Ende Juni 1946, standen schon wieder fünfzehn Loks dem Betriebsdienst zur Verfügung. Ab Mitte 1946 ging die »Noch-«Reichsbahn dazu über, bei den Güterzügen in der Relation Kornwestheim–München auf einen Lokwechsel in Ulm zu verzichten und diese zumindest zum Teil »aus der Mitte heraus« zu bespannen. Daher hatten fast alle Kornwestheimer E 93 bis Ende 1946 zum Bw Ulm gewechselt, so dass dort am 1. Januar 1947 insgesamt 11 betriebsfähige Krokodile zu finden waren. Über die Aufarbeitung der im Krieg schwer beschädigten E 93 06 und 12 war immer noch nicht entschieden, sie blieben abgestellt. Im Schubdienst über die Geislinger Steige machten sich nach wie vor die langsamen E 93 01 bis 04 nützlich. Als letzter Mohikaner im Bw Kornwestheim war E 93 16 zurückgeblieben.

Beim Bw Ulm hatte nun mit Langläufen Kornwestheim–München die zweite Blütezeit der E 93 begonnen, die Loks erreichten in den Folgejahren die höchsten Laufleistungen ihrer Karriere. Allerdings blieb dieser harte Einsatz in den ersten Nach-

Einsatzgeschichte

kriegsjahren nicht ohne Folgen für die schwer arbeitenden Maschinen. Trafo- und Fahrmotorüberschläge, Kompressor- und Isolatorschäden, Kabelbrände und lose Radreifen traten verstärkt auf. Die Behebung dieser Schäden wurde durch die herrschende Stoffknappheit natürlich verstärkt. Ein weiteres Problem bildete zunehmend die Energieversorgung. Der in der Nachkriegszeit wegen Trockenheit oftmals zu niedrige Pegel des Walchensees war die Ursache für die immer wiederkehrenden Energieknappheiten des elektrischen Netzes. Oftmals musste in den Jahren bis 1949 der elektrische Zugbetrieb stark eingeschränkt werden. Auch schwere Güterzüge wurden dann mit Dampfloks unter Fahrdraht befördert. Dies führte natürlich auch beim E 93-Einsatz immer wieder zu Zwangspausen. Mit Währungsreform, Marshallplan und aufkeimendem Wirtschaftswunder stabilisierte sich langsam die Versorgungslage. Ab September 1949, nun unter Bundesbahn-Regie, fuhren die E 93 zunehmend zuverlässiger. Beim Bw Ulm waren nun Laufleistungen der optimal ausgenutzten E 93 von über 13.000 km im Monat fast die Regel. Einen Rekord von stolzen 14.570 km konnte im August 1950 die E 93 10 für sich verbuchen. Sogar die schwer beschädigten und jahrelang abgestellten E 93 06 und 12 wurden ab Juni 1950 einer gründlichen Aufarbeitung unterzogen. Bei E 93 12 kam dies einem Neuaufbau gleich, welcher von der damals als Privatausbesserungswerk (PAW) fungierenden Firma Krauss-Maffei in München-Allach durchgeführt wurde.

Kleine Abweichungen bei der Stationierung lassen sich in den ersten Nachkriegsjahren zwischen den Betriebsbüchern und den Stationierungsnachweisen der RBD Stuttgart feststellen: Insbesondere sind bei folgenden Maschinen abweichende Angaben bekannt:
– E 93 02 wird ab Oktober 1947 beim Bw Ulm geführt

■ Die Geislinger Steige bildet nicht nur für Güterzüge ein Hindernis, auch schwere Schnellzüge benötigen Schubunterstützung. E 93 02 hat sich an den Schluss des D 131 gesetzt und schiebt ihn nun am negativen Ausfahrsignal von Geislingen vorbei den Berg hinauf.
Aufnahme: Bellingrodt, Sammlung Kleine

Einsatzgeschichte

Im Jahr 1950 gehörte E 93 13 noch zum Bw Ulm, das die Maschinen in den Langläufen Kornwestheim–München u.z. einsetzte. Im März 1951 kam sie ins Bw Kornwestheim, Ulm erhielt im Gegenzug die schnellere Baureihe E 94. Im Bw Stuttgart wartete die Lok im Sommer 1950 auf neue Einsätze. *Aufnahme: Doh, Sammlung Burkhard Wollny*

- E 93 03 wird 1947 ausschließlich beim Bw Geislingen und nicht leihweise Bw Ulm geführt.
- Auch E 93 04 ist 1947 ausschließlich beim Bw Geislingen beheimatet. Dem Bw Ulm wird die Lok 1949 bis einschließlich Juni zugeordnet. Juli und August 1949 unterliegt sie der Obhut des Bw Geislingen, ab September bis Januar 1950 ist wiederum Ulm die zuständige Heimatdienststelle. Im Februar und März 1950 weilt die Maschine wieder in Geislingen, von April bis Juni in Ulm, anschließend wieder bis Mai 1952 in Geislingen. Von Juni bis November untersteht die E 93 04 dem Bw Kornwestheim, danach ist sie wieder bis Januar 1953 im Bw Geislingen. Februar und März 1953 ist nochmal Ulm zuständig, ab April nur noch Kornwestheim.
- Von September bis November 1950 ist die E 93 05 dem Bw Geislingen zugeordnet, ebenso im Juni 1951.
- E 93 18 wird von Mai bis November 1947 beim Bw Kornwestheim geführt. Dies dürfte allerdings nur eine statistische Maßnahme gewesen sein, da die Lok im Mai auf »w« (= wartend auf Ausbesserung) und von Juni bis November auf »h« (= in Ausbesserung) gesetzt ist. Ab Januar 1949 ist die Lok in Kornwestheim stationiert. Im August 1950 zeichnet allerdings das Bw Geislingen für die Maschine verantwortlich.

Die Forderung nach einer Steigerung der Zuglasten und nach höheren Geschwindigkeiten auf der so wichtigen Ost-West-Verbindung München–Kornwestheim beendete im Frühjahr 1951 die zweite Blüte der E 93. Die Langläufe der E 93 wurden von ihren stärkeren und schnelleren Nachfolgerinnen, den E 94 übernommen. Bis Mai 1951 waren fast alle E 93 zum Bw Kornwestheim abgegeben worden, das Bw Ulm erhielt im Gegenzug bis auf eine Maschine alle E 94 des Bw Kornwestheim.

Im Großraum Stuttgart waren zwar mit den Strecken Bad Cannstatt–Waiblingen (02.10.49) und Ludwigsburg–Bietigheim (08.10.50) weitere Strecken auf elektrischen Betrieb umgestellt worden, doch hatte dies keine wesentlichen Auswirkungen auf die E 93. Erst die Umstellung des Westbahn-Abschnitts Bietigheim–Mühlacker am 6. Oktober 1951 sorgte wieder für neue Herausforderungen. 16 Durchgangsgüterzüge (Dg) mit 1500 t Anhängelast in der Relation Mainz-Bischofsheim–Kornwestheim erhielten ab Mühlacker elektrischen Vorspann vor der Zuglok (Dampflok der Baureihe 44). Insgesamt drei Elloks mussten dafür abgestellt werden. Neben der einzigen E 94 des Bw Kornwestheim und einer weiteren E 94 aus Ulm musste auch eine E 93 für diese Vorspanndienste herhalten. Erst als im August 1952 das Bw Kornwestheim zwei weitere E 94 erhielt, konnte auf die E 93 im Vorspanndienst verzichtet werden. Die in Mühlacker umzuspannenden Güterzüge wurden natürlich vorwiegend von den Kornwestheimern E 93 befördert.

Vorwiegend nach Westen erweiterte sich in den Folgejahren das Einsatzgebiet der E 93. Der Fahrdraht erreichte von Mühlacker aus am 23. Mai 1954 Bruchsal. Ab Sommerfahrplan 1955 konnte bis Heidelberg elektrisch gefahren werden. Die hochwertigen Güterzüge (Sg, Dg) wurden zu dieser Zeit meistens mit den schnelleren E 94 befördert. Schwere, sechsachsige Güterzugloks waren aber immer noch Mangelware und daher wurden auch die E 93 bestens ausgelastet. Herausragend war im Sommer 1955 ein Langlauf Bruchsal–München Ost (330 km), ansonsten waren die kleineren Krokodile westlich von Ulm kaum noch zu finden. Die Elektrifizierung schritt weiter voran: Ab Sommerfahrplan 1956 waren die wichtigen Güterbahnhöfe

Vor einem schweren Güterzug wartet E 93 11 im Jahr 1953 in Untertürkheim Güterbahnhof auf die Ausfahrt.
Aufnahme: Sammlung Gerhard Rieger

Einsatzgeschichte

Bis 1962 wurde bei allen 18 Maschinen das dritte Spitzenlicht vom Dach auf den Vorbau verlegt. In dieser Form zeigt sich E 93 10 um 1960 im Bw Stuttgart. *Aufnahme: Otto Blaschke*

Mannheim und Kornwestheim durch den Fahrdraht verbunden.

Mit der Aufnahme des elektrischen Betriebes von Mühlacker nach Karlsruhe zum Sommerfahrplan 1958 mussten die Einsätze der Kornwestheimer Krokodile neu organisiert werden. Die E 94 traten einige Züge in der Relation Mannheim/Heidelberg–Kornwestheim und alle Leistungen auf der Tübinger Strecke an die E 93 ab, weil sie auf der Karlsruher Strecke dringend benötigt wurden. Sogar nach Karlsruhe »verirrte« sich im neuen Umlauf eine E 93. In dieser Fahrplanperiode liefen die 14 Kornwestheimer E 93 in zwei sechstägigen Umläufen mit Tagesdurchschnitten von 404 bzw. 486 km, also durchaus noch respektablen Werten. Der Sommer 1958 sah mit den Zügen Dg 7235 und Dg 7260 auch den letzten E 93-Durchlauf zwischen Kornwestheim und München Ost. Im Abschnitt Neu-Ulm–München Ost hatten letztmalig Personale des Bw Ulm das Vergnügen, eine E 93 nach München zu führen.

Ab und zu durften die E 93 auch Personenzüge bespannen, in jenen Jahren u.a. einen Teil der Berufspendlerzüge auf der Güterbahn Kornwestheim–Untertürkheim, die sogenannten »Daimlerzüge« und »Salamanderzüge«.

In Geislingen ging alles seinen gewohnten Gang. Vier Maschinen (E 93 01 bis 04) standen dem kleinen Bahnbetriebswerk in der Regel zur Verfügung, drei davon waren planmäßig im Schiebedienst auf der Steige eingesetzt. Auch mit der Auflösung des Bw Geislingen zum 27. September 1958 änderte sich zunächst nichts, die langsamen E 93 blieben weiterhin in Geislingen, waren buchmäßig jetzt allerdings beim Bw Kornwestheim beheimatet. Der weiterhin dreitägige Schubplan sah im Winter 1958/59 durchschnittlich 187 km/Tag vor. Eine kleine Abwechslung im eintönigen Schubdienst brachten die Ausflüge zum Verladebahnhof Staufenstolln, denn der Erzabbau war zwar nach dem Krieg reduziert worden, sorgte aber immer noch für interessante Leistungen. Ende der fünfziger Jahre war täglich ein Erzzug abzufahren. Im Winterfahrplan 1958/59 hatten ausschließlich die E 93 das Vergnügen und boten gleich zu dritt ein grandioses Schausspiel: Um 12:38 Uhr setzte sich im Bahnhof Geislingen eine Leerfahrt mit drei E 93 in Bewegung, die kurze Zeit später im Verladebahnhof eintraf. Zwei Geislinger Schub-E 93 setzten sich an die Spitze des schweren Dg 6421, während die spätere Zuglok bis zum Bahnhof Geislingen als Schublok fungierte. Um 13:22 Uhr setzten sich die drei Krokodile in Bewegung und schleppten den schweren Erzzug über die steile Rampe zum Bahnhof hinauf. Dort kuppelten die beiden bis dahin führenden E 93 ab und wendeten sich wieder ihren Aufgaben im Schubdienst zu. Der Lokführer auf der nun als Zuglok fungierenden E 93 wechselte den Führerstand und setzte den Dg 6421 pünktlich um 13:42 Uhr nach Kornwestheim in Bewegung.

Der Geislinger Erzverkehr hatte bis zum 4. Januar 1963 Bestand. An diesem Tag verließ nach Ende der Frühschicht gegen 13:30 Uhr der letzte Erzzug den Bahnhof Staufenstolln und die Grube Karl wurde geschlossen.

■ Im angestammten Revier unterwegs ist am 27. März 1962 die »langsame« E 93 04, die mit der Auflösung des Bw Geislingen zum 27. 9. 1958 zum Bw Kornwestheim gekommen war. Mit einem Güterzug rollt sie auf der Fahrt in Richtung Ulm durch den Bahnhof Plochingen. *Aufnahme: Otto Blaschke*

Einsatzgeschichte

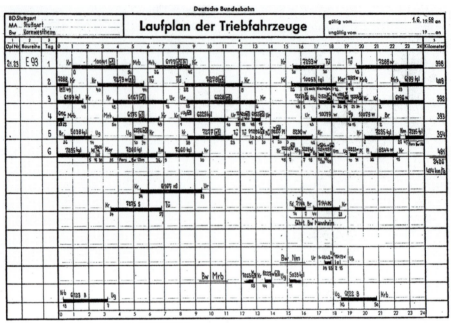

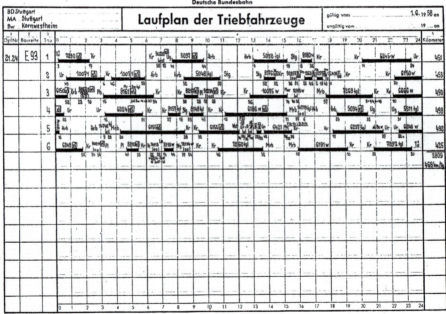

Laufplan der Baureihe E 93 im Sommerfahrplan 1958.

Abb: Sammlung Gerhard Rieger

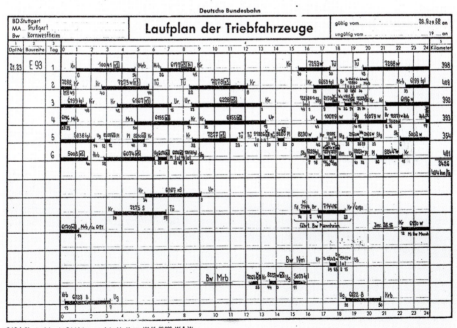

■ Laufplan der Baureihe E 93 im Winterfahrplan 1958/59.

Abb: Sammlung Gerhard Rieger

Einsatzgeschichte

Am 26. Mai 1963 wurde zwischen Stuttgart und Böblingen der elektrische Betrieb aufgenommen, damit kamen die E 93 nun auch über die steigungsreiche Gäubahn. Am 28. Januar 1965 hat eine E 93 mit ihrem Güterzug den Kriegsbergtunnel verlassen und rollt Stuttgart-West entgegen. *Aufnahme: Otto Blaschke*

Mit der Aufnahme des elektrischen Betriebes zwischen Bietigheim und Heilbronn zum 1. Juni 1959 erhielten die E 93 sehr schnell einen weiteren Einsatzschwerpunkt. Ab 1962 wurden in Kornwestheim die ersten E 50 angeliefert, welche sogleich in die Umläufe der dortigen E 94 einbrachen. Diese konnten daher sukzessive die verbliebenen Durchgangsgüterzüge der E 93 in der Relation Mannheim–Kornwestheim–Ulm übernehmen und verdrängten die E 93 aus ihren verbliebenen Langläufen und von sonstigen hochwertigen Güterzügen. Mit E 50 oder E 94 bespannt konnten nun nahezu alle Dg über Kornwestheim Rbf mit 80 km/h gefahren werden. Im Schubdienst auf der Geislinger Steige kam erstmals neben den E 93 auch eine E 94 zum Einsatz. Im Monatsdurchschnitt spulten die E 93 meist nicht mehr als 8.000 km ab, die Planleistungen lagen um die 280 km/Tag.

Im Sommerfahrplan 1966 waren die Dg 7249 (Kornwestheim–Augsburg) und Dg 7242 (Augsburg–Kornwestheim) die »Starzüge« der E 93. Ansonsten fungierte in dieser Zeit die Strecke Stuttgart/Kornwestheim–Heilbronn als Haupteinsatzgebiet. Besonders erwähnenswert sind hier der morgendliche Personenzug für den Berufsverkehr Pb 2799 (Stuttgart–Heilbronn) und die Rückleistung: der Schnellgüterzug Sg 5526. Dieser »Fisch«-Zug verkehrte im Nachtsprung zwischen Bremen-Fischhafen (Abfahrt 21:33 Uhr) und Stutt-

Einsatzgeschichte

■ Einige Monate später lacht die Sommersonne über Stuttgart und lässt die offenbar frisch lackierte E 93 13 im Bw Stuttgart glänzen, daneben wartet E 41 212 auf neue Einsätze. *Aufnahme: Jürgen Krantz*

■ Jahrelang genau so typisch für Stuttgart und Umgebung wie die E 93 waren die Dampfloks der Reihe 39, die beim Betriebswerk Stuttgart Hbf ihre letzte Bleibe gefunden hatten. 39 196 mit großen Ohren und Einheitstender trifft am 11. Mai 1964 in Stuttgart Hbf auf E 93 16.
Aufnahme: Hans-Georg Kleine, Archiv transpress

■ Unverzichtbar blieben die E 93 als Schubloks auf der Geislinger Steige bis in die achtziger Jahre. 1967 wartet die Urahnin aller deutschen Krokodile im Bahnhof Geislingen auf die nächste Schubleistung, gut zu sehen ist die Überwurfkupplung an der Stirnseite, die sie nach ihrer Abstellung an die E 93 04 abgeben musste. *Aufnahme: Otto Blaschke*

gart Hbf (Ankunft 11:00 Uhr am darauffolgenden Tag). In Heilbronn wechselte er von einer Dampflok der Baureihe 44 auf die E 93, welche die leicht verderbliche Ware sicher nach Stuttgart brachte.

Über Ulm hinaus erreichten die E 93 einmal am Tag vor dem Dg 7249 mit Augsburg immer noch bayerische Gefilde. Die Rückleistung erfolgte mit Dg 7242 (Augsburg–Kornwestheim). Für den Abschnitt Neu Ulm–Augsburg waren wie gehabt Ulmer Lokführer zuständig, die bei der Rückleistung sogar bis Kornwestheim auf der 193 blieben.

Ab dem 27. Mai 1962 konnte zwischen Waiblingen und Schorndorf elektrisch gefahren werden. Die Aufnahme des elektrischen Betriebes zwischen Stuttgart und Böblingen zum 26. Mai 1963 bescherte auch den E 93 eine neue attraktive Steigungsstrecke, alle Güterzüge wurden ab diesem Zeitpunkt elektrisch bis Böblingen befördert und dort erst umgespannt. Ab dem 26. September 1963 ging es auch von Waiblingen nach Backnang elektrisch. Merkbare Leistungszuwächse gab es dadurch für die E 93 nicht, lediglich neue Zielorte kamen hinzu.

Von 1962 bis 1969 wandelte sich der Lokbestand des Bw Kornwestheim komplett, konstant blieb nur die Beheimatung der E 93 oder 193, wie sie ab 1. Januar 1968 offiziell bezeichnet wurde. Die Neubau-Elloks der Baureihe 150 ersetzten bis 1969 vollständig die 194 und drängten auch die 193 mehr und mehr an den Rand. Schon im Mai 1968 hatten die letzten Stangen-Elloks der Baureihe 191 das Bahnbetriebswerk in Richtung Ruhrpott verlassen. Ihre »minderwertigen« Güterzug- und Übergabeleistungen waren weitgehend auf die 193 übergegangen, die nun immer mehr den Lückenfüller spielten.

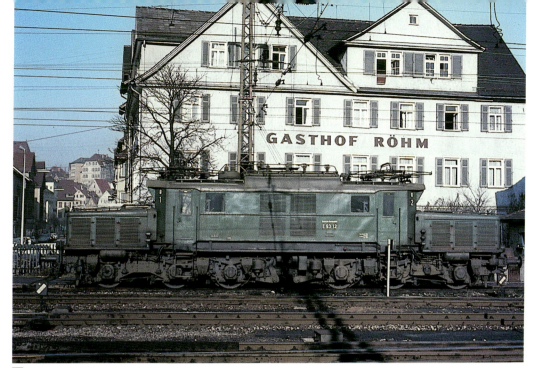

■ Bis 1978/79 kamen die E 93 regelmäßig nach Tübingen. Dort ruht sich am 29. Januar 1967 die E 93 12 aus, ob der Lokführer im dahinterliegenden Gasthof Röhm einkehrte, ist allerdings nicht bekannt. *Aufnahme: Otto Blaschke*

■ Der Einsatz der E 93 vor Reisezügen beschränkte sich immer auf relativ wenige Leistungen. Immerhin konnten die Loks trotz der geringen Höchstgeschwindigkeit die Fahrzeiten der 90 km/h schnellen E 44 halten, weil ihre Anfahrbeschleunigung höher war. Mit einer Garnitur Silberlingen am Haken rollt eine E 93 im Sommer 1968 über den Enzviadukt in Bietigheim. *Aufnahme: Jürgen Krantz*

Einsatzgeschichte

Sg 5526 ⬛S (40,1)
(Bremen-Fisch.–) Würzburg Hbf—Heilbronn Hbf—Stuttgart Hbf
Zlok 44 bis H, E 93 ab H   Last 800 t   73 Mindestbr

Lz 13812 B (02)   **Lz 13836 W** (02)
Last 100 t   83 Mindestbr

1	2	3	5526	13836	4	5
		Bremen-Fisch.	21 33			
140,2		Würzburg Hbf ...	658 726	2237		
	40/75	A ⌒ 139,2 ⌒				
137,5		SBk 56				
156,5		SBk 54 Würzb Süd	30	42		
		Hp SBk 52				
153,6		Würzburg-Heidingsfeld West	33	46		
148,6		Reichenberg (Unterfr)	42	50		
143,2		Geroldshausen ...	53	54		
137,2		Kirchheim (Unterfr)	58	59		
131,6		Wittighausen	8 03	23 04		
126,4		Zimmern	07	08		
122,9		Grünsfeld	10	11		
118,8	80	Gerlachsheim	13	14		
116,0		Lauda	·8 16	26	23 17	
113,6		Königshofen (Baden)	30			
109,0		Unterschüpf	34			
		105,5 VE ▽				
104,0		Boxberg-Wölchingen	41			
99,6		Bk Uiffingen Hp .	49			
93,0		Eubigheim	9 01			
85,9		Rosenberg (Baden)	06			
81,2 / 101,7		Osterburken	9 10			

1	2	3	Noch 5526	13812	4	5
			4	5		
81,2 / 101,7		Osterburken	9 10	9 33		
98,0		Adelsheim Ost ...	13	38		
94,7		Sennfeld	16	41		
91,1		Roigheim	22	45		
85,0		Möckmühl	25	51		
81,1		Züttlingen	29	56		
78,7		Siglingen	31	59		
75,1	80	Neudenau	34	10 04		
68,8		Untergriesheim ..	39	11		
63,7		Bad Friedrichshall-Jagstfeld	43	16		
62,0		Bad Friedrichshall-Kochendorf	45	18		
58,1		Neckarsulm	48	22		
		SBk 14 E ⌒				
52,5	40	Heilbronn Hbf	9 55	10 07	10 30	
		A * 51,9 ▽				
		Sig S 41 Heilbronn		10		
		Sig S 141 Heilbronn		11		
46,4	70	Nordheim (Württ)		10 14		

* Fehlende Weichenriegel

1	2	3	Noch 5526	5	4	5
46,4		Nordheim (Württ)	10 14			
40,5		Lauffen (Neckar)	19			
35,1	70	Kirchheim (Neckar)	24			
32,0		Walheim (Württ)	27			
29,8		Besigheim	29			
26,9		Bk Forst¹	31			
		E ⌒				
23,5	40	Bietigheim (Württ)	34			
		A ⌒ SBk 128, 126 ..				
20,2		Tamm (Württ) ..	37			
		SBk 114				
17,5		Asperg	40			
		SBk 106				
13,9		Ludwigsburg ...	44			
12,3	70	Bk Karlshöhe ...	46			
10,4		Kornwestheim ..	48			
8,0		Bk Salzweg	50			
6,5		Stg-Zuffenhausen	51			
		6,1 VE ▽				
4,6		Stg-Feuerbach ..	52			
		E ⌒				
3,3	40	Stg Nord Gbf ...	54			
	50	A ⌒ E ⊢				
0,0	30	Stuttgart Hbf ...	11 00			

Der Buchfahrplan des Sg 5526. Dieser »Fischzug« von Bremen-Fischhafen wurde zwischen Würzburg und Heilbronn von einer 44 gezogen, in Heilbronn übernahm eine E 93 den Zug und brachte ihn einer knappen Stunde nach Stuttgart. *Sammlung Gerhard Rieger*

■ Im Jahr 1968 erhielten die E 93 wie alle anderen DB-Lokomotiven EDV-gerechte Nummern und hießen fortan 193. Doch bis alle Fahrzeuge umgezeichnet waren, dauerte es eine Weile, und so rollte die E 93 01 am 27. April 1968 noch mit alter Nummer über den Viadukt bei Stuttgart-Zazenhausen an der Güterumgehungsbahn. Links im Hintergrund entstand seinerzeit der neue Stadtteil Stuttgart-Freiberg.
Aufnahme: Dieter Schlipf

■ Wochenendruhe im Bw Kornwestheim. Selbst Anfang Juni 1968 waren die alten Loknummern noch allgegenwärtig, und so prangt an E 50 060 ebenso das alte Lokschild wie an E 93 17, während die dahinter stehende Maschine bereits die neuen, aufgeklebten EDV-Ziffern hat. *Aufnahme: Dieter Schlipf*

■ Bestens gepflegt rollt am 20. September 1969 die 193 018 bei Ludwigsburg in Richtung Bietigheim, das Gleis im Vordergrund ist das Streckengleis der noch heute im Güterverkehr betriebenen Nebenbahn nach Markgröningen. *Aufnahme: Dieter Schlipf*

■ In Stoßzeiten machten sich die 193 auch im Reisezugverkehr nützlich. Mit einem Zug für den Berufsverkehr steht 193 015 am 11. September 1969 abfahrbereit im Stuttgarter Hauptbahnhof - neben der Maschine verdienen aber auch die Kleider der Reisenden Beachtung.
Aufnahme: Ludwig Rotthowe

Einsatzgeschichte

■ Zu den Reisezugleistungen gehörte auch der N 3953 von Stuttgart nach Horb, den die 193 bis Böblingen bespannte. An einem Septembertag 1969 oblag 193 004 die Beförderung der stilreinen B3yg-Garnitur. In Böblingen endete seinerzeit die Fahrleitung, so dass die Altbauellok vom Zug ging und durch eine P 8 ersetzt wurde.
Aufnahme: Jürgen Krantz

■ Im Mai 1969 sorgten die diversen Anschlußgleise im Bahnhof Stuttgart-West noch für ein reges Güterverkehrsaufkommen, entsprechend gut ausgelastet ist der Nahgüterzug, vor dem 193 013 auf Ausfahrt nach Böblingen wartet. Zuvor ist allerdings die Bremsprobe fällig und auch die Schlussscheibe sollte der Lokführer noch abnehmen. Heute ist der Westbahnhof eine traurige Brachlandschaft geworden, alle links von der Lok liegenden Gleise wurden »zurückgebaut«. *Aufnahme: Burkhard Wollny*

■ Ab dem 10. April 1972 konnte die Strecke Renningen–Böblingen elektrisch befahren werden, damit mussten die Güterzüge von Kornwestheim zur Gäubahn nicht mehr über Stuttgart fahren. Kurz vor Erreichen des Bahnhofes Renningen rollt 193 012 von Böblingen kommend an der Renninger Stadtkirche vorbei. *Aufnahme: Dieter Schlipf*

Das langsame Ende

Auch die Elektrifizierungen der Strecken Renningen–Böblingen (10.04.72), Schorndorf–Aalen (26.09.71) und weiter nach Donauwörth (28.05.72), Heilbronn–Jagstfeld (01.10.72)–Osterburken (03.06.73)–Würzburg (01.06.75) sowie Böblingen–Horb (26.09.74) sorgten zwar weiterhin für neue Zielorte, aber nicht für eine Steigerung der täglichen Kilometerleistungen.

Lediglich der Planbestand betrug ab Sommerfahrplan 1973 18 Loks, daher wurden die Fristarbeiten so gelegt, dass Wendeloks der BR 140 und 194 fremder Bw in die Stilllagerzeiten eingeschoben werden konnten. Bei größeren Reparaturen oder AW-Aufenthalten wurden Kornwestheimer 150 eingesetzt

In den Hauptverkehrszeiten liefen die 193 immer noch vor Reisezügen. Deren Fahrzeiten waren zwar wie schon in den Jahren davor auf die 90 km/h schnelle Baureihe 144 ausgelegt, doch konnten sie von den 193 aufgrund ihrer höheren Anfahrbeschleunigung problemlos eingehalten werden.

Den schleichenden Niedergang des 193-Einsatzes zeigt die Tabelle auf Seite 77.

Im Sommerfahrplan 1975 werden letztmalig alle 18 Maschinen fahrplanmäßig benötigt.

Im Herbst 1976 erließ die DB das Verbot, an den Maschinen weitere Hauptuntersuchungen durchzuführen. Damit war neben anderen Altbau-Elloks auch die 193 aus dem Unterhaltungsbestand ausgeschieden. Sie mussten bei Fristablauf, größeren Schäden oder dem eher unwahrscheinlichen Errei-

Einsatzgeschichte

■ In der ersten Hälfte der siebziger Jahre erlebten die 193 ihre letzte Blütezeit, ab Herbst 1975 zeichnete sich das nahende Ende ab. Nach wie vor im Programm war im Sommerfahrplan 1971 der N 3969, den am 21. Juni 193 018 nach Böblingen brachte. Dort wartete bereits 038 313, die die Garnitur weiter durch das Gäu nach Horb zog. *Aufnahme: Dieter Schlipf*

	Verkehrstage	Km-Durchschnitt	Plantage	weiteste Wendepunkte
Sommerfpl. 1973	di-fr	239	18	Mannheim, Nördlingen, Osterburken, Ulm
Winterfpl. 1974/75	di-fr	264	18	Osterburken, Mannheim, Horb, Tübingen, Ulm, Nördlingen
Sommerfpl. 1975	di-fr	228	18	Würzburg, Mannheim, Horb, Tübingen, Ulm, Nördlingen
Winterfpl. 1975/76	di-fr		17	
Sommerfpl. 1976	di-fr	205	15	
Winterfpl. 1976/77	di-fr	244	15	Würzburg, Heidelberg, Pforzheim, Sindelfingen, Horb, Tübingen, Amstetten, Aalen
Sommerfpl. 1977	di-fr	271	10	Würzburg, Mannheim, Vaihingen/Enz, Sindelfingen, Horb, Tübingen, Amstetten, Aalen
Winterfpl. 1977/78	di-fr	254	9	Würzburg, Mannheim, Vaihingen/Enz, Sindelfingen, Horb, Tübingen, Amstetten, Aalen
Sommerfpl. 1978	di-fr	224	9	Würzburg, Mühlacker, Weil der Stadt, Horb, Tübingen, Ulm, Aalen
Winterfpl. 1978/79	di-fr	201	9	Würzburg, Vaihingen/Enz, Weil der Stadt, Horb, Tübingen, Ulm, Aalen
Sommerfpl. 1979	di-fr	177	9	Würzburg, Weil der Stadt, Böblingen, Ulm, Aalen
Winterfpl. 1979/80	di-fr	170	9	Würzburg, Mühlacker, Weil der Stadt, Stgt.-Vaihingen, Ulm, Aalen
Sommerfpl. 1980	di-fr	184	9	Würzburg, Weil der Stadt, Stgt.-West, Amstetten, Aalen
Winterfpl. 1980/81	di-fr	199	9	Würzburg, Weil der Stadt, Sindelfingen, Stgt.-West, Amstetten, Aalen
Sommerfpl. 1981	di-fr	185	9	Würzburg, Weil der Stadt, Sindelfingen, Stgt.-Vaihingen, Amstetten, Aalen
Winterfpl. 1981/82	di-fr	185	9	Würzburg, Weil der Stadt, Sindelfingen, Stgt.-Vaihingen, Amstetten, Aalen
Sommerfpl. 1982	di-fr	201	7	Würzburg, Weil der Stadt, Amstetten, Schwäbisch Gmünd
Winterfpl. 1982/83	di-fr	201	7	Würzburg, Weil der Stadt, Amstetten, Schwäbisch Gmünd
Sommerfpl. 1983	di-fr	124	5	Neckarsulm, Weil der Stadt, Plochingen, Stuttgart-Vaihingen, Schwäbisch Gmünd
Winterfpl. 1983/84	di-fr	113	3	Bietigheim, Weil der Stadt, Plochingen, Stuttgart-Vaihingen

Einsatzgeschichte

Laufplan der Baureihe 193 im Winterfahrplan 1974/75.

Abb: Sammlung Gerhard Rieger

Einsatzgeschichte

Laufplan der Baureihe 193 im Sommerfahrplan 1975; zum letzten Mal wurden in dieser Periode planmäßig alle 18 Maschinen benötigt. *Abb: Sammlung Gerhard Rieger*

■ Durchlaufende Güterzüge auf der Gäubahn wurden in Böblingen in der Regel von der Baureihe 44 übernommen. Am 25. Juni 1971 begegnen sich unter der markanten Straßenbrücke 193 014 und 044 480. *Aufnahme: Dieter Schlipf*

chen der Laufleistungsgrenze abgestellt werden. Die letzte Hauptuntersuchung erhielt die 193 006, sie war am 16. September 1976 beendet. Schon eine Woche später verschwand die 193 010 von den Schienen, ihre z-Stellung wegen Fristablauf erfolgte am 23. September 1976. Mit der Abstellung von 193 015 (14.01.77, Trafoschaden), 007 (15.02.77, Fristablauf) und 017 (13.03.77, Unfall) konnte der 15-tägige Umlaufplan im Winter 1976/77 schon nicht mehr eingehalten werden.

Spätestens jetzt erkannten die fotografierenden Eisenbahnfreunde nicht nur im Großraum Stuttgart den Ernst der Lage. Die 193 avancierte zum begehrten Fotoobjekt. Den wenigen noch bei Tageslicht verkehrenden Zügen stand eine zunehmend wachsende Zahl von Fotografen gegenüber. Vorwiegend waren die Loks mit Nahgüterzügen und Übergaben beschäftigt. Gerade die Nahgüterzüge hatten die (für Fotografen) unangenehme Eigenschaft, frühmorgens auszurücken und erst abends wieder zurückzukehren. Den Tag über blieb die 193 im Zielbahnhof abgestellt.

Da weitere Abstellungen aufgrund ablaufender Untersuchungsfristen zu erwarten waren, kamen zum Sommerfahrplan 1977 nur noch zehn E 93 planmäßig zum Einsatz. Den Dienst mussten in diesem Jahr wegen Fristablauf noch 193 001 (13.07.77), 009 (19.08.77) und 005 (08.09.77) quittieren. Damit hatten sich innerhalb eines Jahres sieben von achtzehn Maschinen für immer verabschiedet. Doch der schnelle Abwärtstrend hielt nicht an. Überraschenderweise wurde im September 1977 bei 193 016 im AW Freimann ein Trafoschaden behoben. Aus dem gleichen Grund musste die 193 015 ein halbes Jahr vorher abgestellt werden. Da die meisten 193 noch bis 1984 Fristen

Einsatzgeschichte

■ 1975 war das letzte Jahr, in dem alle 18 Maschinen planmäßig benötigt wurden. Am 28. April dieses Jahes zog 193 016 einen Güterzug durch den Bahnhof Stuttgart-Feuerbach. *Aufnahme: Otto Blaschke*

■ An der Steigungsstrecke Bad Cannstatt–Fellbach liegt der Abzweig Kienbach, wo die Verbindungskurve zum Güterbahnhof Untertürkheim an die Hauptbahn anschließt. Bei schönstem Frühlingswetter ist dort am 27. April 1975 die 193 012 als Lz unterwegs.
Aufnahme: Otto Blaschke

■ Sehr fotogen waren die wenigen Reisezüge auf der Güterumgehungsbahn Kornwestheim–Untertürkheim, für deren Traktion die 193 jahrelang zuständig war. Da die Züge vorzugsweise von Beschäftigten der in Kornwestheim ansässigen Schuhfabrik genutzt wurden, trugen sie den Beinamen »Salamanderzüge«. Am 6. August 1975 rumpelt die kurze Fuhre über den Zazenhäuser Viadukt.
Aufnahme: Dieter Schlipf

hatten und Kornwestheim noch nicht auf seine Krokodile verzichten wollte und konnte, entschloss sich die Bundesbahn, im Einzelfall auch größere Reparaturen zu genehmigen. Der Winterfahrplan 1977/78 sah noch einen Bedarf von neun Maschinen vor. Dem gegenüber standen elf betriebsfähige 193. Der Planbedarf von neun Loks blieb bis einschließlich Winterfahrplan 1981/82 konstant, allerdings entfielen in diesen Jahren einige für Fotografen attraktive Leistungen:

– Der überaus beliebte, am Spätnachmittag verkehrende Ng 65314 (Tübingen–Kornwestheim) fuhr letztmalig im Winterfahrplan 1978/79. Damit verschwanden die 193 von der Tübinger Strecke.
– Eine Fahrplanperiode lang gab es im Sommer 1979 auf der Panoramabahn Stuttgart–Böblingen das seltene Schauspiel zweier Altbau-Elloks im schweren Güterzugdienst: Der planmäßig mit 194 bespannte Dg 55985 erhielt von Kornwestheim bis Böblingen Schubunterstützung durch eine 193.
– Mit dem Sommerfahrplan 1980 entfiel Ulm als westlichster Endpunkt, das seither theoretisch immer noch mit dem Lr 30257 erreicht worden war. In der Praxis wurde diese Leistung selten von der 193 gefahren. Dafür verkehrte ab dieser Fahrplanperiode der Ng aus Aalen zu fotogeneren Zeiten. Ng 64434 (Aalen–Kornwestheim) entwickelte sich in den nächsten Jahren zu einem Leckerbissen der immer größer werdenden 193-Fangemeinde.
– Zum Sommer 1980 endete auch der sonntägliche Einsatz einer 193. Für die sonntägliche Lieblingsbeschäftigung, dem Fotografieren des am späten Vormittag verkehrenden Ng 62737 (Stuttgart Hgbf–Untertürkheim Rbf), mussten nun Alternativen gesucht werden. Heute ist eine solche Leistung unmöglich geworden: Der Stuttgarter Güterbahnhof existiert nicht mehr, der Untertürkheimer Rangierbahnhof hat seine Zugbildungsaufgaben verloren und derartige Nahgüterzüge sind bei DB Cargo zwischenzeitlich unerwünscht.

Auf dem Weg nach Kornwestheim rollt im Mai 1976 die 193 002 mit einem Güterzug an der Kirche in Plochingen vorbei.
Aufnahme: Burkhard Wollny

Am 13. Juli 1977 liefen die Fristen der erstgebauten E 93 001 ab. Wenige Tage zuvor zog sie noch gut ausgelastete Güterzüge wie diesen, aufgenommen auf der Verbindungskurve von Zuffenhausen zum Kornwestheimer Güterbahnhof.
Aufnahme: Thomas Estler

Einsatzgeschichte

■ Bis zum Schluß im Einsatz blieb 193 004, die im März 1977 sogar noch vor Reisezügen auf der Strecke Lauda–Heilbronn zu sehen war. *Aufnahme: Burkhard Wollny*

■ Die letzte sonntägliche Leistung einer 193 war der Ng 62737 (Stuttgart Hgbf–Untertürkheim Rbf), das Bild zeigt diesen Zug beim früheren Ausbesserungswerk Cannstatt. Das Bild ist in jeder Hinsicht historisch: Das AW Cannstatt ist längst ebenso verschwunden wie der Stuttgarter Güterbahnhof, die 193 fährt nicht mehr, derartige Nahgüterzüge sind bei DB Cargo unerwünscht und der Untertürkheimer Rangierbahnhof hat seine Zugbildungsaufgaben ebenfalls verloren.
Aufnahme: Thomas Estler

Einsatzgeschichte

100 Dg 54686 B   (60,5)
     Dg 54688 B   (60,5)
     Kornwestheim Rbf–Heilbronn Rbf

		Tfz 193		Last 1400 t		Mbr 59	
				54686		54688	
1	2	3a	3b	4	5	4	5
		ZBF A 64					
	70	Kornwestheim Pbf A50	10,4				
		- Ferngleis -					
		Sbk 611	11,9				
13,9		Ludwigsburg A50	13,9				
13,3	40	Kornwestheim Rbf SO	11,3				
		Kornwestheim Rbf SM	11,7	8.55		11.25	
14,0		Kornwestheim Rbf NO	13,3	59		29	
		VE ▽					
		Ludwigsburg E60	15,4	9.02		11.32	
		- Mittelgleis - A50	13,9				
		Sbk 103	15,4				
	70	Asperg E60	17,5				
		A60					
		Sbk 115	18,5				
		Tamm E60	20,2				
		Sbk 125	21,5				
23,5		Bietigheim	23,5				
		Ludwigsburg A50	13,9	9.02		11.32	
		- Außengleis -					
		Sbk 101	15,0				
		Sbk 105	15,8				
	70	Asperg E60	17,5	06		36	
		A60					
		Sbk 113	18,5				
		Tamm E60	20,2	9.09		11.39	

11 B1/So 75

Buchfahrplan der Dg 54686 und 54688 Kornwestheim Rbf–Heilbronn Rbf. *Sammlung Gerhard Rieger*

101

1	2	3a		3b	noch 54686		54688	
					4	5	4	5
		Tamm	E60	20,2		9.09		11.39
		Sbk 123		21,5				
		Bietigheim		23,5		12	+11.42	44
		Bk Forst		26,9		15		48
		Besigheim	E60	29,8		17		50
	70	Walheim		32,0		19		52
		Kirchheim	E50	35,1		21		55
			A60					
		Lauffen	E50	40,5		25		58
			A50					
		Nordheim	E60	46,7		30		12.03
			A60					
		Heilbronn Sig A		49,4		9.32		12.05
		Z Heilbronn Sig R 140		50,4				
51,6	40	⌒						
		Heilbronn Hbf		52,5				
	70	Heilbronn Sig A		49,4		9.32		12.05
50,4		Z Heilbronn Sig R 140		50,4		33		06
	40	**Heilbronn Rbf**		51,2	9.35		12.07	
52,5		**Heilbronn Hbf**		52,5				
		Sbk 13		54,9				
		Neckarsulm	E60	58,1				
			A60					
	70	Bad F'hall-Kochend		62,0				
62,0		VE ▽						
		Bad F'hall-Jagstfeld		63,7				
		Mannheim Rbf						
					Forts	Kar 5G	Forts	Kar 5G

15/16 A1/75

■ Eine Begegnung der besonderen Art hatte 193 012 am 21. Mai 1977, als sie mit N 5814 bei der Ausfahrt aus Heilbronn Hbf an einem Schnelltriebwagen der Reihe 403 vorbeirollte. *Aufnahme: Thomas Estler*

■ Am 19. August 1977 kam mit der z-Stellung das Ende für 193 009, dementsprechend ungepflegt wirkte die Lok einige Wochen zuvor im Betriebswerk Kornwestheim.

■ Etwas weniger ramponiert zeigte sich im Juli 1977 das Führerstandsende 1 der gleichen Lok, als sie gemeinsam mit ihrer großen Schwester der BR 194 bei Zuffenhausen am Fotografen vorbeifuhr. *Aufnahme: Thomas Estler*

■ Für die Beschäftigten des Rangierbahnhofs Kornwestheim verkehrte täglich der N 6165, der allerdings nur Montags mit einer 193 bespannt war, an den übrigen Tagen lief vor dem Dreiachser-Pärchen eine 194. Im September 1977 hat 193 012 den Bahnhof Zuffenhausen erreicht. *Aufnahme: Thomas Estler*

■ Ausnahmsweise führte der Ng 65 209 nach Tübingen im September 1977 gleich hinter der Lok einen Bauzugwagen mit, das Bild zeigt die Fuhre mit 193 004 an der Spitze am Einfahrtsignal des Bahnhofs Stuttgart-Münster. *Aufnahme: Thomas Estler*

■ Nachdem am 10. April 1972 die Strecke Renningen–Böblingen unter Fahrdraht war, konnten die Güterzüge von Kornwestheim nach Böblingen und weiter Richtung Süden um den Knoten Stuttgart herumgeleitet werden. Am 2. September 1977 rollt 193 012 bei Ditzingen der Heimat entgegen. *Aufnahme: Dieter Schlipf*

Einsatzgeschichte

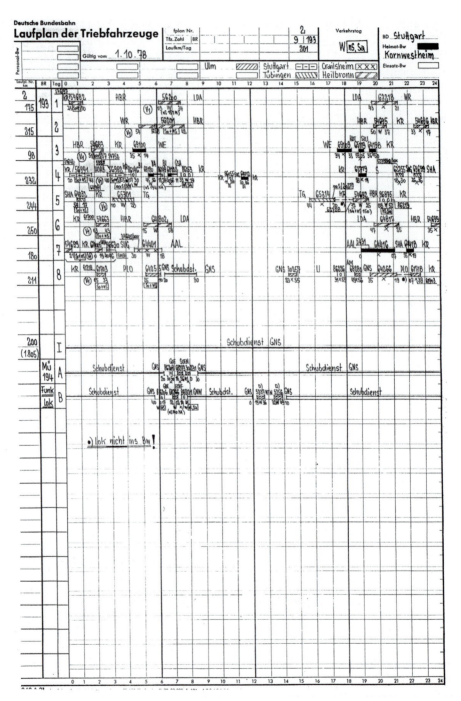

Der E-93-Umlaufplan im Winter 1978/79: Planmäßig wurden neun Maschinen benötigt, eine Lokomotive war zum Schubdienst nach Geislingen abgestellt. Zur Verfügung standen dem Bw Kornwestheim dafür elf betriebsfähige 193. *Sammlung Gerhard Rieger*

■ Gut zu tun hatten die 193 im Schubdienst auf der Geislinger Steige. Im Februar 1978 ist es ein schwerer Güterzug, dem 193 006 zwischen Geislingen und Amstetten über den Berg hilft. *Aufnahme: Thomas Estler*

■ Im Winterfahrplan 1978/79 fuhren die 193 letztmals planmäßig nach Tübingen. Bereits im August 1977 begegnete 193 018 auf dem Weg nach Tübingen dem 425 407 in Nürtingen.
Aufnahme: Burkhard Wollny

■ Am 24. November 1977 wurde 193 005 ausgemustert, die Nahgüterzugleistungen nach Tübingen blieben den Loks noch gut zwei Jahre erhalten. Kurz vor ihrem Ende rollt 193 005 bei Kirchentellinsfurt durchs Neckartal. *Aufnahme: Thomas Estler*

■ Im August 1978 begegnete 193 013 in Stuttgart-Obertürkheim dem 465 022. Für den Vororttriebwagen waren die Tage gezählt, einen Monat später musste er den S-Bahn-Zügen der Reihe 420 weichen. Das Krokodil hingegen hatte noch fünf Jahre vor sich, sie verschwand erst im Herbst 1983 von den Gleisen. *Aufnahme: Burkhard Wollny*

■ Ein prächtiger Sommertag war der 19. August 1978, als 193 004 mit einem langen Güterzug über den Zazenhäuser Viadukt Richtung Kornwestheim rollte. Ein Vergleich mit dem Bild auf Seite 73 offenbart das Wachstum des im Hintergrund gelegenen Stadtteils Stuttgart-Freiberg. *Aufnahme: Dieter Schlipf*

■ Mit dem N 5890 kamen die 193 im Winterfahrplan 78/79 bis nach Würzburg. Im Oktober 1978 war 193 012 für die Traktion zuständig, bei Grünsfeld zieht sie eine wunderschöne Altbauwagen-Garnitur durchs »Madonnenländchen«.
Aufnahme: Thomas Estler

■ Über den König-Wilhelm-Viadukt bei Stuttgart-Münster rollt am 14. Juli 1979 eine 193 mit ihrem Güterzug in Richtung Untertürkheim. *Aufnahme: Otto Blaschke*

■ Noch immer unverzichtbar war die 193 im Sommer 1979 auf der Geislinger Steige. Am 28. August war 193 014 für den Dienst auf der Rampe zuständig, das Bild entstand in Amstetten. *Aufnahme: Otto Blaschke*

■ Anfang September 1979 feierte die DB das Jubiläum »100 Jahre Gäubahn« mit einer Fahrzeugausstellung in Herrenberg. Die Überführung der Ausstellungsexponate besorgte am 31. August 1979 die 193 013, die bei Nufringen die Dampfloks 45 010, 18 505 und 23 105 am Haken hat. *Aufnahme: Dieter Schlipf*

■ In Amstetten trafen die Maschinen regelmäßig auf die Schmalspurzüge der WEG-Nebenbahn nach Laichingen. Am 28. August 1979 trug der Meterspur-Triebwagen noch die traditionelle Farbgebung rot-creme. *Aufnahme: Otto Blaschke*

■ Frühlingserwachen am Lerchenberg – am 19. Mai 1979 rollt 193 013 dem Kornwestheimer Rangierbahnhof entgegen.
Aufnahme: Dieter Schlipf

Ende der siebziger Jahre entdeckten Eisenbahnfreunde die 193 als attraktive Maschine zur Bespannung von Sonderzügen: 193 012 führte beispielsweise am 18. März 1979 einen DGEG-Sonderzug von Stuttgart über Aalen, Nördlingen und Donauwörth nach Augsburg.

Nachdem der Bestand fast drei Jahre unverändert geblieben war, musste am 3. Juli 1980 mit 193 011 wieder ein Krokodil den Dienst quittieren. Fristablauf wäre bei ihr zwar erst im November gewesen, doch benötigte man sie als Ersatzteilspender für 193 012, aufgrund ihres optischen Bestzustandes die Starlok des Bw Kornwestheim. Nach einem Trafoschaden im Juli erhielt sie im Tausch den Trafo der 193 011 und konnte auskuriert am 19. Juli 1980 das AW Freimann verlassen. Im ersten Quartal 1982 erwischte es zwei weitere 193: Ein Trafobrand setzte im Januar 193 018 außer Gefecht, ein Kabelbrand beendete im März das Leben von 193 003. Glück hatte dagegen 193 016, deren defekter Hauptschalter im Februar durch das AW Freimann repariert wurde. Auch 193 004 konnte im April nach einer Reparatur das AW wieder verlassen. Zum Sommerfahrplan 1982 musste dann der Umlauf um zwei Tage gekürzt werden. Von den acht noch vorhandenen Maschinen fuhren damit noch sieben planmäßig. Wieder waren attraktive Leistungen entfallen:

Einsatzgeschichte

193 002 am 30. Juli 1979 in Weil der Stadt. Die Übergaben von Zuffenhausen in die Kepplerstadt gehörten schließlich zu den letzten Leistungen der kleinen Krokodile, fuhren jedoch alles andere als regelmäßig. *Aufnahme: Dieter Schlipf*

- Die letzte ganztägig im Schubdienst über die Geislinger Steige eingesetzte 193 wurde durch eine 194 ersetzt. Nur noch zwischen 6.10 Uhr und 8.10 Uhr durfte jetzt eine 193 beim Nachschieben aushelfen.
- Gestrichen war auch der allseits beliebte Ng 64434 (Aalen–Kornwestheim)
- Ebenso entfiel der nur samstags am Mittag verkehrende Ng 64611 (Lauda–Heilbronn). Dieser Zug war nicht nur jahrelang die letzte zu fotogenen Zeiten verkehrende Leistung auf dieser Strecke, sondern erfreute des öfteren die Fotografen außerplanmäßig mit einer zweiten 193, welche abgebügelt als »Wagen« mitlief.

Überraschenderweise war ab Sommer 1982 wieder ein Personenzug im 193-Plan zu finden: An Schulsamstagen bespannte eine Maschine den N 5226 zwischen Süßen und Göppingen.

Ein zweiter Kabelbrand innerhalb von acht Monaten setzte am 3. Mai 1983 die 193 002 endgültig außer Gefecht. Da bis spätetens 16. August die 193 013 wegen Erreichens der Acht-Jahres-Frist abgestellt werden musste, kam zum Sommerfahrplan 1983 der große Einbruch. Der nun nur noch fünftägige Umlaufplan hatte folgende Konseqenzen:
- Keine Leistungen mehr über Plochingen hinaus. Der Schubdienst über die Geislinger Steige war

Einsatzgeschichte

Laufplan der Baureihe 193 im Sommerfahrplan 1981. *Abb: Sammlung Gerhard Rieger*

Einsatzgeschichte

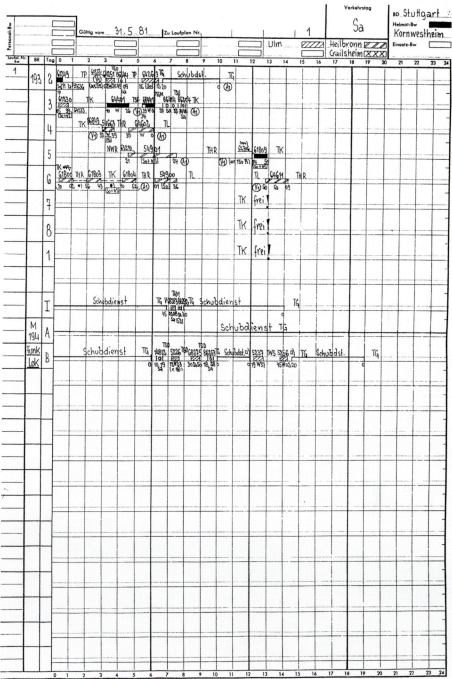

BAUREIHE E 93

■ Das sich abzeichnende Ende der 193 rief Ende der Siebziger zunehmend die Eisenbahnfreunde auf den Plan, die Sonderfahrten mehrten sich. Am 18. März 1979 zog 193 012 einen DGEG-Sonderzug von Stuttgart über Donauwörth nach Augsburg, aufgenommen wurde die Fuhre bei Hoppingen. *Aufnahme: Thomas Estler*

■ Mit dem Sommerfahrplan 1980 entfiel Ulm als westlicher Endpunkt der von 193 befahrenen Strecken. Ein Jahr zuvor war 193 014 noch zwischen Ulm und Amstetten unterwegs, als sie in Beimerstetten dem Fotografen vor die Linse fuhr.
Aufnahme: Jürgen Krantz

■ Ebenfalls 1982 entfiel die Leistung durchs Remstal nach Aalen. Bei Beutelsbach war am 14. Mai 1982 die 193 006 unterwegs.
Aufnahme: Thomas Estler

■ Zum Sommerfahrplan 1982 entfiel der Ng 64611 Lauda–Heilbronn, in dem häufig eine zweite 193 als »Wagen« leer mitlief. Am 7. April 1979 setzten sich 193 014 und 193 018 in Lauda vor den Zug.
Aufnahme: Ludwig Rotthowe

■ Der letzte planmäßig mit einer 193 bespannte Personenzug fuhr am 14. Mai 1983. Die 193 006 hatte die Ehre, den nur an Schulsamstagen verkehrenden N 5226 ein letztes Mal von Süssen nach Göppingen zu bringen. In Salach begegnete sie dem 427 101. Passend zum traurigen Anlass weinte der Himmel. *Aufnahme: Thomas Estler*

■ Zu Ende gingen zum Sommerfahrplan 1983 die Leistungen nach Heilbronn und Würzburg. Am 23. Februar 1980 rollte 193 011 noch planmäßig durch die kahlen Weinberge bei Besigheim. *Aufnahme: Dieter Schlipf*

Sehr viel freundlicher zeigte sich die Landschaft am 15. Mai 1982, als 193 008 mit Ng 61809 Besigheim erreicht.
Aufnahme: Thomas Estler

somit beendet und der letzte, schulsamstägliche Personenzug entfallen.
– Zwischen Heilbronn und Würzburg waren ebenfalls keine 193 mehr zu finden.
– Wochenend-Fotografen trauerten dem Motiv »193 mit württembergischem Stellwerk und Weinbergen bei Besigheim« nach, denn der samstägliche Ng 61811 (Heilbronn–Kornwestheim) war auch gestrichen.
– Betriebsruhe hatten die Krokodile nun samstags ab 9.11 Uhr bis montags um 3 Uhr.

Einen kleinen Trost bildete das Jubiläum »50 Jahre elektrischer Zugbetrieb auf der Geislinger Steige«, bei dem auch die 193 entsprechend gewürdigt wurde. Am 25. und 26. Juni 1983 durfte die 193 012 mit extensivem Einsatz als Schublok nochmal zeigen, dass sie eigentlich keineswegs zum alten Eisen gehörte. Mit 193 008 war ein zweites Krokodil als Ausstellungsobjekt bei der Fahrzeugschau im Bahnhof Geislingen vertreten.

Der Winterfahrplan 1983/84 war die letzte Fahrplanperiode, die der 193 einen Umlaufplan bescherte. Allerdings war dieser nun nur noch dreitägig und enthielt nur noch »Kirchturmleistungen« rund um Stuttgart. Als geradezu herausstechend konnte die verbliebene Ng-Leistung zwischen Stuttgart-Zuffenhausen und Weil der Stadt bezeichnet werden. Für diese berauschenden Leistungen, die als Bedarfsgüterzüge auch noch öfter ausfielen, standen anfangs noch sechs Maschinen zur Verfügung. Fuhren die Züge aber doch, konnte es passieren, dass statt der erhofften 193 eine 150 vorgespannt war, von denen in Kornwestheim meist genügend herumstanden. Problemlos konnte daher auf jene Loks verzichtet werden, die wegen Fri-

Einsatzgeschichte

Der letzte Umlaufplan der Baureihe 193 im Winter 1983/84. *Sammlung Gerhard Rieger*

Am 18. März 1984 fuhr letztmals eine 193 mit einem Güterzug nach Ulm. Zuglok war 193 014, beim Ankuppeln im Bahnhof Plochingen entstand dieses Foto. *Aufnahme: Thomas Estler*

Das fehlende Nummernschild lässt Böses ahnen: 193 014 hatte am 18. März 1984 keine Zukunft mehr, als sie in der langjährigen E 93-Heimat Ulm noch einmal für den Fotografen posierte. *Aufnahme: Thomas Estler*

■ 193 012 war dank ihres Pflegezustandes zum Schluss die »Starlok« und trug als einzige Maschine an den Seitenwänden den »DB-Keks« statt des Schriftzuges. Am 10. Mai 1984 endete ihre aktive Laufbahn, zuvor jedoch nahmen die Eisenbahnfreunde gebührend von ihr Abschied. Mit alter Nummer an der Stirnseite zog sie an Ostern 1984 einen Sonderzug der EFZ von Möckmühl nach Stuttgart, das Bild entstand in Möckmühl. *Aufnahme: Thomas Estler*

stablauf in dieser Fahrplanperiode ausscheiden mussten. Den Reigen begann 193 008 am 10. Februar 1984. Standesgemäßen Abschied feierte die 193 014 am 18. März 1984. Am Tag ihrer z-Stellung brachte sie mit Vorspann durch eine 150 einen Sondergüterzug von Plochingen nach Ulm. Über die Geislinger Steige erhielt dieser Zug sogar Schubunterstützung durch eine 194.

Das Ende der 193 war nun unübersehbar, und so nutzten die Eisenbahnfreunde die letzten sich bietenden Gelegenheiten, die Maschinen noch einmal in Betrieb zu erleben. Im Rahmen einer großen Sonderfahrt der Eisenbahnfreunde Zollernbahn (EFZ) kam zu Ostern 1984 auch die 193 012 zum Einsatz. Sie führte den Sonderzug durch altbekannte Gefilde von Möckmühl nach Stuttgart. Zur Freude der Fans war an der Front sogar die alte Nummer E 93 12 aufgebracht worden.

Nächster Abstellkandidat war am 7. April die 193 016. Die Starlok 193 012 beendete ihr aktives Dasein am 10. Mai 1984 mit einer Leerfahrt ins AW Freimann. Damit standen nur noch zwei Loks für den dreitägigen Umlaufplan zur Verfügung, was aber (siehe oben) keinen störte. Am 29. Mai 1984 war letztmalig eine 193 in ihrem Umlauf eingesetzt: 193 004 fuhr im Tag 1 das Nahgüterzugpaar nach Weil der Stadt.

Vom 31. Mai bis 2. Juni diente sie noch als Ausstellungsobjekt auf der Fahrzeugschau anlässlich des BDEF-Verbandstages in Stuttgart Hbf. Ihre Schwester 193 006 hatte am 2. Juni 1984 die Ehre, den BDEF-Sonderzug auf dem ersten Abschnitt der Großen Rundfahrt von Stuttgart nach Horb zu bespannen. Mit der anschließenden Rückfahrt als Lz war das Kapitel des 193-Betriebes endgültig abgeschlossen. Beide Krokodile, die 1984 noch rund

Einsatzgeschichte

Die alte Nummer blieb 193 012 bis zur Abstellung erhalten. Am 27. April 1984 hat sie mit Ne 62742 von Untertürkheim kommend den Stuttgarter Hauptbahnhof erreicht. *Aufnahme: Joachim Hund*

Ausmusterung und Verbleib der E 93

Betriebs-nr.	Gesamt-Laufleistung	z-Stellung	Ausmusterung	Verbleib
193 001-5	2.577.000 (bis 19.12.75)	13.07.77	27.10.77	++ bis 10.77 im AW Freimann
193 002-3	3.162.000 (bis 13.04.83)	03.05.83	30.11.83	++ bis 04.84 im AW Freimann
193 003-1	3.641.000	03.03.82	29.04.82	++ bis 07.82 im AW Freimann
193 004-9	3.198.000 (bis 05.08.76)	03.06.84	31.01.85	++ bis 09.85 in Deißlingen bei Singen (Fa. Schuler)
193 005-6	3.226.000 (bis 06.12.76)	08.09.77	24.11.77	++ bis 10.77 im AW Freimann
193 006-4	2.916.000 (bis 27.07.76)	03.06.84	31.01.85	++ bis 09.85 in Deißlingen bei Singen (Fa. Schuler)
193 007-2	3.604.000	15.02.77	30.06.77	nicht betriebsfähige Museumslok der DB, Bh Kornwestheim
193 008-0	3.415.000 (bis 14.07.75)	10.02.84	31.05.84	Denkmal KKW Neckarwestheim
193 009-8	3.730.000	19.08.77	24.11.77	++ bis 03.79 im AW Freimann
193 010-6	3.512.300	23.09.76	27.01.71	++ bis 07.77 im AW Freimann
193 011-4	4.239.900	03.07.80	27.11.80	++ bis 11.80 im AW Freimann
193 012-2	3.314.500 (bis 30.03.76)	11.05.84	31.08.84	zunächst Denkmal Kraftwerk Lünen (STEAG), heute DGEG Neustadt/Weinstraße
193 013-0	3.666.200 (bis 06.06.75)	16.08.83	30.11.83	++ bis 04.84 im AW Freimann
193 014-8	3.239.000 (bis 05.02.76)	-	31.05.84	++ bis 11.87 im AW Freimann durch Fa. Dück
193 015-5	3.669.000	14.01.77	28.04.77	++ bis 07.77 im AW Freimann
193 016-3	3.215.000 (bis 06.07.75)	07.04.84	31.08.84	++ bis 11.87 im AW Freimann durch Fa. Dück
193 017-1	3.209.000 (bis 09.09.76)	16.03.77	30.06.77	++ bis 09.77 im AW Freimann
193 018-9	2.905.000 (bis 30.06.75)	13.01.82	29.04.82	++ bis 04.82 im AW Freimann

BAUREIHE E 93

■ Der Nahgüterzug nach Weil der Stadt und zurück war schließlich die letzte Planleistung der Baureihe E 93, die Beförderung oblag zum Schluß den beiden verbliebenen 193 004 und 193 006. Am 27. April 1984 rollt 193 006 durch den ehemaligen Steinbruch bei Malmsheim. *Aufnahme: Joachim Hund*

3.500 km gelaufen waren, wurden am Tag darauf z-gestellt, allerdings erst am 31. Januar 1985 ausgemustert.

Erhaltene Loks

Nach ihrem Ausscheiden aus dem Betriebsdienst war die Geschichte der Baureihe 193 noch nicht zu Ende. Gleich drei Maschinen entgingen dem Schneidbrenner. Als nicht betriebsfähige Museumslok der DB AG überlebte die E 93 07, welcher ein eigenes Kapitel gewidmet ist.

Die STEAG erwarb für ihr Kraftwerk in Lünen 1985 die 193 012 als Denkmallok. Einige Jahre später hatte man sich dort an der Lok sattgesehen und schenkte sie der DGEG. Heute steht dieses Krokodil im DGEG-Museum in Neustadt/Weinstraße.

Wie die meisten ihrer Schwestern rostete auch die 193 008 nach ihrer Ausmusterung auf dem Lokfriedhof des AW München-Freimann vor sich hin. Doch 1986 fand sich ein Käufer – das Kernkraftwerk Neckarwestheim. Ende 1986 wurde daher die Lok ins AW Nürnberg überstellt und für rund 100.000 DM äußerlich wieder aufgearbeitet, um in neuem Glanz zu erstrahlen. In diesem »strahlenden« Outfit gelangte sie im Sommer 1987 an ihren verdienten Ruheplatz im Gelände des Kernkraftwerks.

■ Zuvor war dieselbe Maschine Lz nach Weil der Stadt gefahren, aufgenommen am 27. 4. 1984 bei Renningen.
Aufnahme: Joachim Hund

Bekannte Unfälle und andere Vorfälle

Ihr hauptsächlicher Einsatz im Güterzug- und Schubdienst bescherte den E 93 natürlich diverse Blessuren. Aufgrund ihrer robusten Bauweise hielten sich die Schäden aber meist in Grenzen und die Loks konnten nach kurzer Reparaturzeit wieder dem Zugdienst zur Verfügung gestellt werden. Bekannt sind folgende Vorfälle aus der Zeit nach dem Zweiten Weltkrieg:

– Am 5. Mai 1948 behinderten sich im Bahnhof Geislingen die E 93 01 und 02 gegenseitig und stießen zusammen. Beide Loks trugen zum Teil erhebliche Schäden davon. Die E 93 01 musste anschließend zur Kur ins EAW Esslingen, wo sie im Rahmen einer E2 (10.05.48 - 05.06.48) wieder fit gemacht wurde.
– In Kornwestheim war am 8. Juni 1949 eine Weiche falsch gestellt. Dies führte zur Kollision von E 93 11 und 16, die mit rund 20 km/h zusammenprallten. Die Loks entgleisten zwar nicht, aber Puffer und Pufferbohlen wurden eingedrückt und Luftleitungen teilweise abgerissen.
– Besonders vom Pech verfolgt war in jener Zeit die E 93 01, die am 12. Dezember 1950 erneut einen schweren Aufstoß hatte. Diesmal war das AW Freimann an der Reihe, die Patientin im Rahmen einer E3 (12.12.50-12.02.51) wieder auf Vordermann zu bringen.

■ 193 004 mit ihrer markanten Überwurfkupplung blieb bis 2. Juni 1984 in Dienst. Ihren letzten großen Auftritt hatte sie vom 31. Mai bis zum 2. Juni 1984 auf der Fahrzeugschau anläßlich des BDEF-Verbandstages im Stuttgarter Hauptbahnhof. Mit ihrer z-Stellung am Tag darauf endete der E 93-Einsatz bei der DB. *Aufnahme: Claus-Jürgen Jacobson*

– Am 12. Oktober 1951 war der Lokführer der E 93 13 in Kornwestheim wohl etwas unaufmerksam und beschädigte seine Maschine mit einer Flankenfahrt. Das Ergebnis war eine aufgerissene rechte Lokseite und die Beschädigung mehrerer Baugruppen.
– Ein Brand setzte am 28. September 1955 um 2 Uhr früh im Bahnhof Esslingen die E 93 13 außer Gefecht. Sie brannte im Innern vollständig aus. Als Brandursache wurde ein Bremsfeuer und dadurch in Brand geratene Putzwolle angenommen.
– Unliebsame Bekanntschaft mit einer Dampflok machte am 10. Dezember 1956 die E 93 15 im Bahnhof Tübingen. Ein Zusammenstoß mit rund 20 km/h hinterließ bei der Ellok einige Blessuren.
– Die E 93 01 schien andere Loks geradezu magisch anzuziehen. Sie weilte vom 16.06. bis zum 17.07.64 wieder einmal im AW Freimann, wo Aufstoßschäden beseitigt wurden.
– Am 30. Juli 1965 erwischte es die E 93 02 mit einer Flankenfahrt. Auch sie wurde anschließend im AW Freimann wieder kuriert.
– Im Olympiajahr 1972 mussten gleich zwei 193 die Lokklinik in München aufsuchen. Vom 09.10. bis 23.10. wurden bei 193 015, vom 24.10. bis 16.11. bei 193 011 die Schäden durch Aufstöße behoben.
– Ein Jahr darauf musste 193 015 schon wieder außerplanmäßig nach München, da in ihr ein Brand ausgebrochen war. Vom 11. bis zum 27. Dezember 1973 wurde sie im AW wieder fit gemacht.
– Über zwei Monate war 1975 nach einem schweren Aufstoß die 193 005 außer Gefecht gesetzt worden. Sie hatte am 17. Juni in Heilbronn einen

Prellbock überfahren und war mit der ersten Achse freischwebend in der Luft hängengeblieben. Wäre ihre Geschwindigkeit beim Aufprall höher gewesen, hätten Lok und Lokführer ein unfreiwilliges Bad im Neckar nehmen dürfen. Die Reparatur im AW Freimann dauerte vom 26. Juni bis zum 2. September.
- Zu Schulungszwecken für den Schubdienst weilte am 26. Januar 1977 die 150 175 in Geislingen. Den potentiellen Nachfolger sah die 193 017 gar nicht gern und ließ sich wohl auf ein Duell ein. Dieser Frontalzusammenprall mit der 150 beendete vorzeitig das Leben der 193 017, sie wurde am 16. März z-gestellt und kurz darauf ausgemustert.
- Ebenfalls in Geislingen war am 22. April 1980 der Lokführer der als Schublok eingesetzten 194 039 etwas unaufmerksam. Beim Abstellen seiner Lok vergaß er rechtzeitig zu bremsen und fuhr unsanft auf die abgestellten 193 002 und 194 051 auf, welche an diesem Tag auch zum Schubdienst eingeteilt waren. Alle drei Schubloks waren daraufhin nicht mehr einsatzfähig. Der Schubbetrieb musste bis zum Eintreffen von Ersatzloks eingestellt werden.
- Ein Trafo- bzw. ein Kabelbrand sorgte 1982 bei 193 018 und 003 für den Abschied von den Schienen. Beide Loks wurden nicht mehr repariert und wanderten sofort in den z-Bestand.
- Der zweite Kabelbrand innerhalb von acht Monaten beendete am 3. Mai 1983 das Leben der 193 002, obwohl die Lok noch am 4. November 1982 eine U0-Ausbesserung in Freimann erhalten hatte.

■ Die letzte Zugleistung für die 193 war der BDEF-Sonderzug von Stuttgart auf die Schwäbische Alb am 2. Juni 1984, den das Krokodil über die Gäubahn bis Horb brachte. Dort übernahm die V 200 009 die Weiterbeförderung. Zahllose Eisenbahnfreunde nahmen in Horb bei dem Anlass angemessenem Wetter Abschied von der markanten Lokomotive. *Aufnahme: Dietrich Honzera*

Die Interessengemeinschaft E 93 07

von Joachim Hund

Über 50 Jahre hinweg waren Lokomotiven der Baureihe E 93 beim Bw Kornwestheim eingesetzt, von der Anlieferung der fabrikneuen E 93 01 im Jahr 1933 bis zur Außerdienststellung der 193 004 und 193 006 im Jahr 1984. So ist es kaum verwunderlich, dass sich nach einem Aufruf von Marcus Herold im Frühjahr 1984 zahlreiche Kornwestheimer Eisenbahner zusammenfanden, die sich an der Erhaltung einer E 93 aktiv beteiligen wollten. Nach einigen Vorbereitungen wurde am 10. März 1985 die Gründungsversammlung der »Interessengemeinschaft E 93 07« einberufen, zu der sich 29 zumeist im Lokfahrdienst beschäftigte Kollegen einfanden. Im Vorfeld war in regem Schriftverkehr mit der BD Stuttgart, dem zentralen Werkstättenwesen in Mainz und dem Verkehrsmuseum in

■ Zwei Pflegekinder der IG E 93 07: Die namensgebende E 93 07 neben ihrer größeren Schwester 194 579. Letztere ist heute das Paradepferd im Stall, unter ihrer alten Nummer E 94 279 kommt sie im Touristik- und Sonderzugverkehr und vereinzelt sogar vor planmäßigen Güterzügen zum Einsatz. Als die beiden Maschinen im Oktober 1985 auf der großen Fahrzeugschau in Bochum-Dahlhausen standen, hoffte die IG noch auf eine betriebsfähige Aufarbeitung der E 93. *Aufnahme: Claus-Jürgen Jacobson*

■ Die lange Abstellzeit und das unselige Wirken von Souvenirjägern hatten an der Lok unübersehbare Spuren hinterlassen, so dass die Mitglieder der IG reichlich zu tun hatten. Am 3. August 1985 zeigte der Vorbau am Führerstand 1 deutlich, wo gespachtelt wurde.
Aufnahme: Joachim Hund

Nürnberg bereits abgeklärt worden, dass die E 93 07 als Pflegelok nach Kornwestheim kommen konnte.

Die E 93 07 war nach einer Fahrleistung von 3.604.000 km am 30. Juni 1977 ausgemustert worden. Nachdem bereits eine Teilzerlegung begonnen hatte, wurde die Lok dann doch zur Erhaltung ausersehen und zunächst zusammen mit anderen Altbau-Elloks im AW München-Neuaubing hinterstellt. Am 6. November 1978 wurde sie in das Bw München Hbf überführt, notdürftig komplettiert (mit Bauteilen von E 44) und teilweise mit neuer Farbe versehen. Am 16. November 1978 wurde die so hergerichtete Lok nach Luzern geschleppt und dort 1979/80 auf einer »Krokodilausstellung« zusammen mit schweizer und österreichischen Altbauloks ausgestellt. Anschließend wurde sie wieder im Waggon-Ausbesserungswerk München-Neuaubing hinterstellt.

Anfang Juli 1985 wurde die Museumslok in München wieder lauffähig hergerichtet und nach Kornwestheim überführt. Da über eine Hauptuntersuchung noch nicht entschieden und zudem das Ausbesserungswerk in München-Freimann im Rahmen des Jubiläums »150 Jahre Eisenbahnen in Deutschland« bereits mit der Restaurierung meh-

Zwei Wochen später sind die enormen Fortschritte nicht zu übersehen: Der Vorbau glänzt in frischem Lack und auch das dritte Spitzenlicht hat wieder seinen ursprünglichen Platz am Vordach erhalten. *Aufnahme: Joachim Hund*

rerer Museumsloks beschäftigt war, hatte die Interessengemeinschaft nun die Aufgabe, die E 93 bis zum Oktober für die große Fahrzeugschau in Bochum-Dahlhausen in einen ausstellungswürdigen Zustand zu bringen.

Die Restaurierung erforderte einige hundert freiwillige Arbeitsstunden seitens der Aktiven. Drehgestelle, Lokkasten, Vorhauben und das Dach nebst Aufbauten wurden entrostet und neu gestrichen bzw. gespritzt. Die langjährige Abstellzeit und Souvenirjäger hatten der Lok ziemlich zugesetzt. Dennoch wurde die E 93 07 nicht nur optisch mit schwäbischer Gründlichkeit aufgearbeitet, sondern auch technisch wieder auf Vordermann gebracht. Schließlich war es das erklärte Ziel der Eisenbahner, die Lok wieder zum Fahren zu bringen. Nach und nach wurden daher fehlende Schalter, Schilder und Ausrüstungsgegenstände ersetzt. Herausgerissene Zugfunkkabel und durchtrennte Motorstromkabel wurden wieder verbunden, defekte Geräte instandgesetzt und zahlreiche Leitungen neu verlegt. Nach langer Störungssuche an der Bremsanlage stellte man fest, dass in München irrtümlich die Leitungen von Führer- und Zusatzbremse vertauscht worden waren.

Da die E 93 wieder in den Zustand der frühen sechziger Jahre zurückversetzt werden sollte, wurde das dritte Spitzenlicht vom Vorbau auf die Stirnseite des Dachs zurückverlegt. Die passende Beschilderung war aber in der Kürze der Zeit nicht aufzutreiben und so begnügte man sich vorerst mit einer aufgemalten Beschriftung.

Zwei Tage vor dem ersten der drei Wochenenden, an denen in Nürnberg die großen Fahrzeugparaden

Interessengemeinschaft E 93 07

In diesem Zustand kann man sich auch schon wieder im Freien zeigen... 194 580 zieht neben einer 140 und zwei 150 die frisch glänzende E 93 07 am 17. August 1985 auf ein anderes Gleis. *Aufnahme: Joachim Hund*

veranstaltet wurden, kam überraschend ein Anruf, wonach die E 93 07 nun auch an den Paraden aktiv teilnehmen sollte. Hintergrund war, dass durch ein administratives Missverständnis keine repräsentativ hergerichtete 194 zur Verfügung stand. Da die E 93 aber noch nicht fahrbereit war, beschloss man kurzerhand, die Maschine am 7. September 1985 dem AW Freimann zuzuführen. Als Wagenlok in einem Bedarfsgüterzug, gezogen von 150 183, wurde sie von Kornwestheim nach München überführt. Dort wurde unter anderem ein fehlender Lüftermotor eingebaut, das Trafoöl getauscht und die elektrische Ausrüstung sowie die Bremsanlage durchgeprüft. Für die beiden letzten Parade-Wochenenden erhielt sie eine befristete Betriebszulassung und so zog sie zur Überraschung der Eisenbahnfreunde einen gemischten Güterzug an den Zuschauertribünen in Nürnberg-Langwasser vorbei. Am dritten Wochenende, zu dem auch die Mitglieder der Interessengemeinschaft geladen waren, wurde sie dabei von der zwischenzeitlich aufpolierten Betriebslok 194 579 unterstützt, die den aus drei Waggons bestehenden Zug nachschob. Anschließend ging es in einem der drei großen Lokzüge nach Bochum-Dahlhausen zur großen Jubiläumsschau. Bis zum Ende des Jubiläumsjahres folgten noch einige Ausstellungen und Bahnhofsfeste.

Der anfänglichen Euphorie folgte die Ernüchterung, nachdem im Februar 1986 der Kostenvoranschlag für die erforderliche Hauptuntersuchung kam. Trotz Abzug aller in Eigenleistung möglichen Arbeiten sollten demnach noch 150.000.- DM aufgebracht werden. Diese Summe konnte die Inter-

Die Interessengemeinschaft E 93 07

Der Lohn der Mühen: Auf den großen Fahrzeugparaden in Nürnberg zog die E 93 07 einen gemischten Güterzug mit eigener Kraft an den zahllosen Eisenbahnfreunden vorbei. *Aufnahme: Claus-Jürgen Jacobson*

essengemeinschaft nicht aufbringen. Das Verkehrsmuseum Nürnberg als Eigentümer wollte und konnte wegen der hohen Kosten des Dampflokbetriebs und der zu dieser Zeit recht umfangreichen Flotte an betriebsfähigen historischen Fahrzeugen keine weitere Restaurierung finanzieren.

Nachdem also die Hauptuntersuchung der E 93 am Kostenfaktor gescheitert war, bemühte man sich frühzeitig um eine der in absehbarer Zeit aus dem Betriebsdienst scheidenden 194. Im Jahr 1987 wurde die 194 579 zur betriebsfähigen Erhaltung ausgewählt und zusammen mit der 194 581 als Ersatzteilspender der Interessengemeinschaft zugeteilt. In rund 1.500 Arbeitsstunden wurde die Maschine bis zum März 1988 zur Museumslok E 94 279. Seitdem ist sie häufig sowohl vor historischen Sonderzügen als auch vor den Touristiksonderzügen der DB zu sehen. Außerhalb der Saison wird die Lok gelegentlich vor planmäßige Güterzüge gespannt, um Schäden an den Gleitlagern durch zu lange Stillstandszeiten vorzubeugen. Nach einer zwischenzeitlich durchgeführten Hauptuntersuchung kann die E 94 279 bis 2006 eingesetzt werden.

Die in das Bahnsozialwerk integrierte Interessengemeinschaft E 93 07 hat heute 124 Mitglieder

■ Im Februar 1986 war klar, dass eine betriebsfähige Herrichtung der Maschine wegen der hohen Kosten nicht in Frage kam. Doch auch als »nur« rollfähiges Ausstellungsstück machte sie bei zahlreichen Bahnhofsfesten eine gute Figur, wie am 28. Juni 1986 in Endersbach im Remstal. *Aufnahme: Joachim Hund*

■ Ihren langjährigen Schuppenplatz im Bw Kornwestheim musste die E 93 07 mittlerweile räumen, doch bemüht sich die Interessengemeinschaft, die Lokomtive zukünftig in würdigem Rahmen der Öffentlichkeit zu präsentieren (Kornwestheim, November 1994). *Aufnahme: Joachim Hund*

Interessengemeinschaft E 93 07

Ein Blick ins Raritätenkabinett: Anläßlich einer Sonderfahrt mit dem »Gläsernen Zug« wurde im Bw Kornwestheim am 15. November 1986 diese illustre Fahrzeugparade arrangiert. 491 001 neben 194 145, 97 504 und E 93 07. *Aufnahme: Thomas Estler*

und betreut mit E 93 07, E 94 279 und E 94 281 drei historische Elektrolokomotiven. Während die E 94 279 weiterhin zum aktiven Museumsbestand der DB gehört und bei Sonderfahrten und Ausstellungen zum Einsatz kommt, sollen die E 93 07 und der mittlerweile neu lackierte »Ersatzteilspender« E 94 281 künftig in Museen ausgestellt werden. So plant die Gesellschaft zur Erhaltung von Schienenfahrzeugen e.V. (GES) in Zusammenarbeit mit der Stadt Kornwestheim ein regionales Eisenbahnmusem an der nördlichen Ausfahrt des Rangierbahnhofs. Außerdem bemüht sich eine Interessengruppe um die Einrichtung eines süddeutschen Eisenbahnmuseums auf dem Gelände des Bahnbetriebswerkes Heilbronn, welches kürzlich von der Bahn stillgelegt wurde. So wird die E 93 07, die in den letzten Jahren etwas im Schatten der betriebsfähigen großen Schwester stand und nach der Wiederaufnahme der Ellokunterhaltung beim Betriebshof Kornwestheim ihren Schuppenplatz räumen musste, künftig in einem würdigen Rahmen präsentiert werden können.

Begegnung mit der E 93

von Joachim Hund

Es begab sich zu der Zeit, als ich noch nicht bei der Eisenbahn in Diensten stand, sondern als Schüler den Lokomotiven mit dem Fotoapparat nachstellte. Im Gegensatz zu den meisten Eisenbahnfans hatten es mir nicht die Dampflokomotiven angetan, vielmehr gehörte ich von Anfang an zur Randgruppe der Liebhaber der elektrischen Traktion. Zum Teil ist dies sicherlich durch die »Gnade der späten Geburt« (Anlieferung 25. April 1965) bedingt, die sich allerdings bei den von mir favorisierten Altbaumaschinen zunehmend als Fluch herausstellte.

Während meiner Infektion mit dem »Virus Eisenbahn« waren sie auf dem Stuttgarter Hauptbahnhof jedoch noch allgegenwärtig, die formschönen 118, denen nicht einmal die neue Lackierung in ocean-blau/beige etwas anhaben konnte, die kantigen

■ Der »Star« dieses Kapitels: Auf dem Führerstand der 193 008 durfte Joachim Hund Anfang der achtziger Jahre von Kornwestheim nach Aalen mitfahren. Am 24. Januar 1980 steht die Maschine vor einem Güterzug in Stuttgart-Bad Cannstatt.
Aufnahme: Horst J. Obermayer

Begegnung mit der E 93

In Zuffenhausen trafen damals kurz nacheinander zwei 193-bespannte Güterzüge aus Vaihingen und aus Weil der Stadt ein. So konnte man mit etwas Glück zwei von drei eingesetzten 193 auf die Platte bannen. Am 9. September 1983 trafen 193 004 und 193 014 aufeinander. *Aufnahme: Joachim Hund*

144 im Vorortverkehr neben den roten Altbautriebwagen der Baureihen 425, 455 und 465. Im Rangierdienst hobelten sogar noch ein paar 163 über den Bahnhof meiner Heimatstadt. Gelegentlich waren im Güterbahnhof auch die langen Vorhauben der »deutschen Krokodile« auszumachen, deren zwei Gattungen ich nach einiger Zeit zu unterscheiden wußte. Da waren einerseits die 194 mit ihrem gelochten Langträger und den Vordächern über den Frontfenstern und andererseits die etwas gedrungener wirkende 193 mit ihren unterschiedlichen Seitenwänden und dem mehr der 144 ähnelnden Führerstand.

Als ich dann zu Beginn der achtziger Jahre das Hobby intensiver betrieb und mit Umlaufplänen der einschlägigen Fachmagazine bewaffnet den Maschinen »planmäßig« nachstellte, war die 193 nurmehr im Auslaufbetrieb zu finden. Der Umlaufplan wurde nach und nach von acht auf drei Tage gekürzt, wobei auch des öfteren Neubauloks eingesetzt wurden. Da die Güterzuglok ohnehin mehr nachtaktiv war, beschränkte sich die fotografische Betätigung vor allem auf die Morgen- und Abendstunden. Oft war ich in dieser Zeit am Nachmittag in Zuffenhausen, wo kurz nacheinander zwei mit 193 bespannte Güterzüge aus Vaihingen bzw. Weil der Stadt eintrafen. Mit dem notwendigen Quentchen Glück konnte man also zwei von drei eingesetzten Maschinen auf ein Foto bannen. Nach und nach kannte man auch die Lokführer, die auf den Altbauloks eingesetzt waren und konnte mit etwas Überredungskunst sogar erreichen, dass die ei-

Begegnung mit der E 93

Mit etwas Überredungskunst konnte man sogar erreichen, dass die eigentlich leer nach Kornwestheim fahrende Maschine der Übergabe vorgespannt wurde. Am 27. April 1984 gelang dies offenbar, und so wartet »E 93 12« vor 193 006 in Zuffenhausen auf die Fahrt nach Kornwestheim. *Aufnahme: Joachim Hund*

gentlich leer nach Kornwestheim fahrende Lok der Übergabe vorgespannt wurde. 2 x 193 vor dem Güterzug war natürlich der Gipfel des Fotografenglücks.

Während einer dieser Verhandlungen auf dem Führerstand einer 193 bekam ich eines Tages das Angebot für eine Lokmitfahrt am folgenden Feiertag. Eine solche Offerte konnte ich natürlich nicht ausschlagen und so traf ich mich mit dem künftigen Kollegen tags darauf in Kornwestheim am Fuße der Treppe zur Lokleitung. Als Abweichung vom regulären Dienstplan war an diesem Tag ein Dg von Kornwestheim bis Aalen mit einer 193 zu fahren. Nachdem sich der Lokführer zum Dienst gemeldet hatte, ging es hinaus an die Lok. Die 193 008-0 war für die Fahrt nach Aalen eingeteilt worden. Sie stand vor dem Lokschuppen auf einem Gleis zusammen mit einer 150 und einer weiteren 193. Zwischen den zahlreichen Neubauloks, die sich am Feiertag in Kornwestheim ausruhten, konnten sämtliche noch vorhandenen 193 und noch einige 194 notiert werden. Nachdem wir den Führerstand der 193 erklommen hatten, begann der Lokführer mit dem Aufrüsten. Ein Blick ins Übergabebuch zeigte, dass die Lok am Vortag eine Nachschau erhalten hatte. Nach fast 24 Stunden Abstellzeit war allerdings nicht mehr ausreichend Druckluft zum Heben der Stromabnehmer und zum Einschalten des Hauptschalters vorhanden. Während die Neubaulokomotiven einen Sonderluftbehälter zum Aufrüsten besitzen und einen aus der Fahrzeugbatterie betriebenen Hilfsluftpresser für den Fall, dass die-

BAUREIHE E 93

Über die Güterumgehungsbahn ging es nach Untertürkheim. Da die Strecke in dieser Fahrtrichtung fällt, hatte die 193 008 wenig Mühe. Das dürfte im Oktober 1978 nicht anders gewesen sein, als die Maschine bei Stuttgart-Münster Richtung Untertürkheim fuhr.
Aufnahme: Thomas Estler

ser Sonderluftbehälter leer ist, musste der Lokführer bei der Altbaulok mittels einer Handluftpumpe selbst Hand anlegen. Nachdem der Handhebel aufgesteckt war, das Führerbügelventil und das Bügelwahlventil für den Stromabnehmer 1 eingestellt waren, war es natürlich Sache des mitfahrenden Eisenbahnfans, mit kräftigem Pumpen den Bügel in Richtung Fahrdraht zu bewegen. Nach einigen schweißtreibenden Bewegungen mit dem Pumpenhebel lag der Stromabnehmer am Draht und der Lokführer verschwand im Maschinenraum, um den Hauptschalter mittels eines langen Metallhebels von Hand einzulegen. Mit dem deutlich hörbaren Einschalten des Hauptschalters nahm die Ölpumpe ihre Arbeit auf, feststellbar an Geräusch und Vibrationen. Bevor der Lokführer auf den Führerstand zurückkehrte, legte er den Handschalter für den Kompressor ein, der sofort lautstark mit der Druckluftförderung begann. Anschließend wurde das Führerbremsventil aufgeschlossen und während der Druck langsam anstieg, machte sich der Lokführer an die Vorbereitung der Fahrtunterlagen und der Beschriftung des Schreibstreifens der Indusi. Vor dem Anlegen des zweiten Stromabnehmers wurde der Hauptschalter wieder ausgelegt. Wie mir der Lokführer erklärte, diente das einerseits zur Prüfung der Ausschaltspule und andererseits zur Vermeidung von ungewolltem Ausschalten bei einem zu schnellen »Hochschnalzen« des anderen Bügels. Trotz langsamen Drehens des Einstellventils in die Stellung »Beide Bügel« kam doch etwas Bewegung in die Oberleitung, als das zweite Schleif-

Begegnung mit der E 93

In Untertürkheim machte der Zug Kopf und die Lok umfuhr den Zug, um ans andere Ende zu gelangen.
Aufnahme: Gerhard Rieger

stück gegen den Kupferdraht schlug. Nach dem Prüfen der Bremsen, der Fahrmotorlüfter und der Signalpfeife folgte das Lösen der Handbremse und eine kurze Rollprobe.

Da noch etwas Zeit blieb bis zum Ausrücken, schaute ich mich etwas auf dem Führerstand der Altbaulok um. Der mit Holz ausgekleidete Führerraum wirkte auf den ersten Blick heimeliger als der Arbeitsplatz auf einer Neubaulok. Der Hocker vor dem für stehende Bedienung gebauten Fahrpult mit dem großen, senkrecht angebrachten Schaltrad machte allerdings keinen sehr bandscheibenfreundlichen Eindruck.

»Im Sommer sind die alten Maschinen angenehmer als 'ne 150, aber im Winter zieht's hier ganz schön 'rein,« meinte der Lokführer, »auch wenn die Heizstrahler ganz schön Wärme erzeugen können – an den Wärmeschrank hier an der Rückwand sollte man z.B. tunlichst nicht hinlangen, wenn er längere Zeit eingeschaltet ist.«

Auf dem Fahrpult waren der Richtungsschalter, ein Anzeiger für die eingestellte Fahrstufe und ein Messingtaster mit der Beschriftung »Schnell Aus« zum Abschalten der Leistung zu finden. Links vom Pult das Führerbügelventil zur Betätigung von Stromabnehmern und Hauptschalter, rechts davon der Geschwindigkeitsmesser. Unterhalb des Frontfensters befanden sich die Anzeigeinstrumente für die Zugkraft der Fahrmotoren je Drehgestell, den aus der Fahrleitung entnommenen »Oberstrom«, die Fahrdrahtspannung und die Heizspannung sowie ein Anzeigegerät mit den Zahlen 0, $1/2$ und 1.

»Die Lok hat einen Feinregler, der praktisch ein stufenloses Anfahren ermöglicht,« wurde ich be-

■ Auf freier Strecke konnte sich das Krokodil anschließend richtig »austoben«, wenngleich dies bei einer Höchstgeschwindigkeit von 70 km/h immer noch eine eher beschauliche Angelegenheit war. (Ulfingen, Mai 1978). *Aufnahme: Thomas Estler*

lehrt. »Wie mit einem regelbaren Widerstand wird dadurch die Spannung von einer Stufe zur nächsten ohne Unterbrechung erhöht. So kann man kurzzeitig auch halbe Stufen anwählen, allerdings nicht zu lange, da der Feinregler leicht thermisch überlastet wird, außerdem entstehen Schmorperlen, wenn man längere Zeit auf einer Stelle stehen bleibt. Das Instrument zeigt außerdem an, ob die Stufe richtig eingerastet ist.«

Seitlich waren neben den urtümlichen Schaltern für Luftpresser und Lüfter die Manometer für die Druckluftbremse und Hauptluftbehälter zu finden. Außerdem der Hebel für die Signalpfeife und ein Schauzeichen für den Hauptschalter. Zu Füßen des Lokführers war neben dem Pedal für die Sicherheitsfahrschaltung ein Löseventil und ein Notbremsventil zu finden. Die linke Seite des Führerpults war eingenommen von dem Zugbahnfunkgerät, unterhalb des mittleren Fensters befand sich das kleine Handrad zum Einschalten der Zugheizung und ein zweistufiger Hebel zum Sanden. Ebenso nachträglich eingebaut wie der Funk wirkten auch die Schalter und Leuchtmelder der Indusi etwas deplaziert. Die Schalter für Beleuchtung und Heizung waren in einem Kasten an der Rückwand untergebracht. Ein Großteil der Beschriftungen bestand noch aus den bei Souvenirjägern so beliebten Emailleschildchen.

Nach diesem eingehenden Rundblick war es nun aber Zeit zum Ausrücken. An der Sprechsäule meldete sich der Lokführer bei der Lokleitung ab und beim Stellwerk 4 an. Nach der Erteilung der Fahrerlaubnis hieß es Bremse lösen und Abfahren. Eine Sägefahrt führte uns an den in der Gruppe »Süd-Mitte« aufgestellten Zug. Dem Bremszettel entnahm der Mann am Fahrpult die wichtigsten Angaben über den Zug. Mit 554 Metern Länge und 1180 Tonnen Gewicht war der Dg an diesem Tag gut ausgelastet. »Das geht noch ohne Schub zwischen Untertürkheim und Fellbach, da wird sich die alte Dame ganz schön ins Zeug legen müssen.« Mit diesen Worten legte der Lokführer die Bremse an und widmete sich dem Ausfüllen des Betriebsleistungszettels. Wenige Minuten nach Abschluß der Bremsprobe ging es auch schon los. Nach dem Einschalten der Lüfter kam Leben in die Altbaulok. Starke Vibrationen begleiteten jede neue Stufe, die der Lokführer mit langsamen Drehen des Handrades einstellte. Doch das Sounderlebnis war nur von kurzer Dauer, denn bis Untertürkheim fällt die Stuttgarter Güterumgehungsbahn und der Güterzug rollte leistungslos über die neue Betonbrücke bei Zazenhausen und den alten König-Wilhelm-Viadukt bei Stuttgart-Münster. Wir genossen den Blick über die im Licht der Abendsonne daliegende Schwabenmetropole. In Untertürkheim machten wir Kopf, d.h. wir umfuhren mit der Lok unseren Zug. Nach einer vereinfachten Bremsprobe kam auch dort gleich das Ausfahrsignal auf »Fahrt mit 40 km/h«. Gleich hinter dem Signal beginnt die Steigung auf der Verbindungskurve zur Remsbahn. Das typische Knurren der Tatzlagermotoren beim Anfahren steigerte sich zu einem Stakkato. Es rüttelte, schepperte und vibrierte, alles auf dem Pult geriet in Bewegung, während der Zug langsam an Fahrt gewann. Die Zeiger der Meßinstrumente tanzten wild auf und ab und ich fragte mich, wie der Mann neben mir da eine Überschreitung der Grenzwerte und eine Auslösung der Überstromrelais vermeiden konnte. Mit zunehmender Geschwindigkeit nahm das Dröhnen und Vibrieren ein wenig ab und ging in ein gleichmäßiges Brummen über. Langsam ging es an den Schrebergärten des Gleisdreiecks vorbei, mit etwa 35 km/h überquerten wir die S-Bahngleise und fuhren weiter auf dem Ferngleis in Richtung Fellbach. Auf der langen Rampe wurden früher zu Dampfzeiten viele Züge nachgeschoben.

Langsam aber sicher kletterte die Nadel des Geschwindigkeitsanzeigers höher und aus dem Brummen wurde schließlich ein Schnurren, als der Brechpunkt der Steigung erreicht war.

Bei der Durchfahrt durch den Trennungsbahnhof Waiblingen – hier zweigt die Murrbahn Richtung Backnang und Schwäbisch Hall ab – erreichte die 193 mit 70 km/h ihre Höchstgeschwindigkeit. Kurz vor Schorndorf mußten wir einmal kurz abbremsen, als ein Vorsignal in Warnstellung auftauchte. Trotz der nicht übermäßig hohen Geschwindigkeit hatten wir eine S-Bahn eingeholt. In Schorndorf überholten wir den 420-Kurzzug, dessen Lokführer gerade den Führerstand für die Rückfahrt wechselte.

Aufziehende Wolkenfelder hatten der Dämmerung ein schnelles Ende bereitet und es war schon ziemlich dunkel, als wir die Bahnhöfe Plüderhausen und Lorch passierten. Die drei am Vorbau angebrachten Lampen vermochten kaum in die Dunkelheit einzudringen. Auf die schlechten Sichtverhältnisse angesprochen lachte der Mann neben mir nur: »Die drei Positionslichter kannst Du vergessen. Im Gegensatz zu den Österreichern fahren wir fast blind durch die Nacht. Da haben sich schon einige Kollegen die Finger wundgeschrieben, um richtige Scheinwerfer für unsere Lokomotiven zu bekommen. Die Signale sind ja beleuchtet, heißt es dann. Wenn allerdings ein Hindernis im Gleis ist, erkennt man das oft erst so spät, daß man sich selbst nicht einmal mehr in Sicherheit bringen kann. Ein Münchner Kollege ist im letzten Herbst in einen umgestürzten Baum gefahren und dabei schwer verletzt worden. Auf der E 93 brauchst Du aber keine Angst zu haben…«. Mit einem durchdringenden Pfeifton machte das Zugbahnfunkgerät auf sich aufmerksam und unterbrach die Ausführungen des Lokführers. Statt der vorgesehenen Leerfahrt nach Kornwestheim war ab Aalen einem schweren Militärzug Vorspann zu leisten, teilte die Betriebsleitung mit. »Da freut sich das Überstundenkonto,« kommentierte der Mann am Fahrpult trocken.

In Lorch begegneten wir einem Nahverkehrszug, bestehend aus einem Triebwagen der Baureihe 425. Nur wenige Fahrgäste nutzten an diesem Abend den Pendelzug nach Schorndorf mit Anschluß zur S-Bahn nach Stuttgart. Wenige Minuten später erreichten wir die weiträumigen Anlagen des Bahnhofs von Schwäbisch Gmünd. Zwei weitere Triebwagen waren dort abgestellt, auf Gleis 2 fuhr gerade der Eilzug von Nürnberg ein, gezogen von einer Regensburger 218 – natürlich im alten roten Farbkleid.

Hinter Schwäbisch Gmünd steigt die Remsbahn zunehmend und die Tachonadel der 193 machte mehrfach Anstalten, die 70-km/h-Marke zu verlassen. Stufe um Stufe mußte das Handrad gedreht werden, was die Lok mit lauterem Brummen quittierte. Einsetzender Nieselregen verminderte den Haftwert zwischen Rad und Schiene und so wurde der Hebel zum Sanden mehrfach betätigt, um einem »Schleudern« der Radsätze vorzubeugen. Zwischen Mögglingen und Essingen sank die Geschwindigkeit dann langsam bis auf 55 km/h. Dann war der östliche Ausläufer der Schwäbischen Alb überwunden und unser Zug rollte dem Bahnhof von Aalen entgegen. Dort übernahmen zwei Diesellokomotiven der Baureihe 215 in Doppeltraktion den Zug, denn erst seit 1985 ist der durchgehende elektrische Betrieb nach Nürnberg möglich.

Da der Militärzug nach Auskunft des Fahrdienstleiters erst in gut zwei Stunden in Aalen eintreffen sollte, machte ich mich mit dem nächsten Eilzug auf den Heimweg, denn schließlich konnte ich es mir nicht leisten, in Stuttgart die letzte Straßenbahn zu verpassen. Beim Verlassen des Bahnhofs warf ich nochmals einen Blick auf die in einem Stumpfgleis hinterstellte Altbaulok. Die Krokodilform mit ihren Ecken und Kanten kam im Streiflicht der Bahnhofsbeleuchtung besonders gut zur Geltung. Im Schein der Führerstandsbeleuchtung hatte der Lokführer sein Vesper ausgepackt. Es stand schon damals fest, dass ich Lokomotivführer werden wollte. Für eine reguläre Ausbildung auf den von mir favorisierten Altbauloks kam ich allerdings um Jahre zu spät. Zum Ausgleich wurde ich dann ab 1985 in der »Interessengemeinschaft E 93 07« und in der »Freizeitgruppe E 44 002« in Kornwestheim bzw. Stuttgart aktiv und konnte dort nachträglich auf E 44 002 und E 94 279 Schulungen erhalten.

Anhang

Literaturverzeichnis

Bäzold, Fiebig; Deutsches Lok-Archiv - Elektrische Lokomotiven; transpress 1984

Bochmann; E 93 und E 94 - moderne E-Lok-Oldtimer für den schweren Güterzugdienst; Eigenverlag Klaus Bochmann 1977

Braun, Hofmeister; E 91 - Portrait einer deutschen Güterzuglok; Bayerisches Eisenbahnmuseum 1985

Braun, Hofmeister; E 93 - Portrait einer deutschen Güterzuglok; Bayerisches Eisenbahnmuseum 1986

Gottwaldt; 100 Jahre deutsche Elektrolokomotiven; Franckh'sche Verlagshandlung 1979

Kuhn; Ulmer Eisenbahn-Geschichte; Armin Vaas Verlag 1983

Messerschmidt; Von Lok zu Lok; Franckh'sche Verlagshandlung 1969

Scherer/Seidel; 50 Jahre elektrischer Zugbetrieb im Direktionsbezirk Stuttgart; EK-Verlag 1983

Obermayer; Taschenbuch Deutsche Elektrolokomotiven; Franckh'sche Verlagshandlung 1970

Pavel; Geislinger Steige & Täleskätter; Selbstverlag Rudolf Pavel 1982

Pavel; Nebenbahn Geislingen–Wiesensteig; Verlag Wolfgang Bleiweis 1994

Rampp, Bäzold, Lüdecke; Die Baureihe E 94; EK-Verlag 1990

Repetzki (Hrsg.); Elektrische Triebfahrzeuge in Glasers Annalen 1930–1955; transpress 1990

diverse Buchfahrpläne und Kursbücher der DRG und der DB

diverse Ausgaben der Zeitschriften AEG-Mitteilungen, BAHN-SPECIAL, BBC-Nachrichten, Die Bundesbahn, Eisenbahn-JOURNAL, EISENBAHN-KURIER, eisenbahn magazin, Elektrische Bahnen, Glasers Annalen, LOK Report, LOKRUNDSCHAU, Modelleisenbahner, Welt der Eisenbahn

Der Autor:

Thomas Estler ist Geschäftsführer einer Planungs-, Beratungs- und Ingenieurgesellschaft für Verkehrsplanung. Neben zahlreichen Artikeln und Illustrationen veröffentlichte er bei transpress die Fahrzeugportraits »Baureihe ET 65« und »Baureihe E 93« sowie den zweibändigen Eisenbahnreiseführer »Baden-Württemberg«.

Lok-Legenden

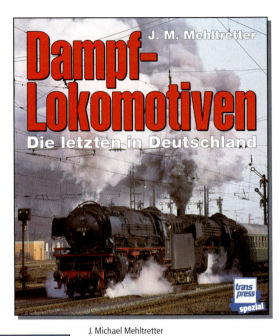

Thomas Estler
Baureihe ET 65
Über 50 Jahre rackerten die Triebwagen der Reihe ET 65 in Stuttgarter Vororten, signalisierte das Heulen ihrer Motoren die Ankunft an den Haltestellen. Am 1. Oktober 1978 gingen die letzten Fahrzeuge in den Ruhestand. Dieses »Fahrzeugporträt« stellt Entwicklung, Technik und Einsatz der Heulsusen vor.
128 Seiten, 125 Bilder, davon 57 in Farbe, 16 Zeichn., 2 Karten
Bestell-Nr. 71111
DM 29,80

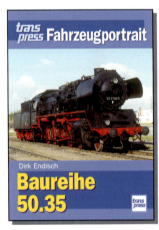

J. Michael Mehltretter
Dampflokomotiven
Die letzten in Deutschland
Vor 25 Jahren dampften die letzten Loks planmäßig durch Westdeutschland. Allgegenwärtig war damals der donnernde Klang dieser Giganten, ob nun von der 01 in Oberfranken oder der dreizilindrigen 44 im Weserbergland. Die Zeiten sind vorbei, aber noch lange nicht vergessen. Als Erinnerungshilfe bieten wir Ihnen jetzt diesen Bildband in einer preisgünstigen Spezialausgabe.
236 Seiten, 193 Bilder, davon 24 in Farbe, 20 Zeichnungen
Bestell-Nr. 71131   **DM 29,80**

Preuß/Scheffler
Baureihe 99.64-71
Endlich ein Buch, das die bullige Schmalspur-Dampflok aus Sachsen ausführlich würdigt.
128 Seiten, 120 Bilder davon 60 in Farbe
Bestell-Nr. 71123
DM 29,80

Dirk Endisch
Die Baureihe 50.35
Sie war weder attraktiv noch schnell, in fast jedem Bw zuhause. Dampflok-Fans nahmen die BR 50.35 nicht besonders ernst. Viele Museumsbahnen in Deutschland haben jedoch die unverwüstliche BR 50.35 für sich entdeckt. Ein Porträt zu Geschichte, Betrieb und ihren aktuellen Einsätzen auf Museumsbahnen.
144 Seiten, 124 Bilder, davon 47 in Farbe, 6 Zeichnungen
Bestell-Nr. 71113   **DM 29,80**

Frank Larsen
Die Baureihe V 200.1
Die V 200.1 brachte in den 60ern das Wirtschaftswunder auf die Schienen. Wo die roten Renner auftauchten, kam das Aus für die Dampfloks. Aber die V 200.1 verlor das Rennen gegen die E-Loks.
128 Seiten, 117 Bilder, davon 67 in Farbe, 9 Zeichn.
Bestell-Nr. 71112
DM 29,80

IHR VERLAG FÜR EISENBAHN-BÜCHER
Postfach 10 37 43 · 70032 Stuttgart
Telefon (07 11) 21 08 06 65 · Fax (07 11) 21 08 0 70

Stand März 2000
Änderungen in Preis und Lieferfähigkeit vorbehalten